Lisa Balavoine

Lass gehen, wen du liebst

Lisa Balavoine

Lass gehen, wen du liebst

Roman

Aus dem Französischen
von Ela zum Winkel

Die Übersetzerin dankt ATLAS (Association pour la promotion de la traduction littéraire) und der Stadt Wien für die Unterstützung ihrer Arbeit an diesem Buch.

Dieses Buch erscheint im Rahmen des Förderprogramms des französischen Außenministeriums, vertreten durch die Kulturabteilung der französischen Botschaft in Berlin.

Meiner Mutter, die ich wie verrückt geliebt habe.
Meiner Schwester, unseren Töchtern.

«Alles, was ich ihr nicht gegeben habe, konnte ich nicht behalten, alles, was ich ihr nicht gegeben habe, ist verloren.»

Emmanuelle Pagano, *Nouons-nous.*

«Und doch hatten wir gute Zeiten
Bestimmt hatten wir gute Zeiten
Irgendwann werde ich mich an sie erinnern.»

Pascal Bouaziz, *Passages.*

Sie liegt da, sie wirkt friedlich.

Aber ich muss Sie vorwarnen: Die Wohnung ist ziemlich verwahrlost. Ich weiß nicht, wie ich Ihnen helfen kann.

Ich erhalte diese Nachricht am späten Nachmittag, an einem Freitag im Juli. Draußen hat der Sommer seinen Höhepunkt erreicht, man kommt um vor Hitze.

Ich erinnere mich vor allem an diese Hitze.

An diesem Tag bin ich in Paris, wo ich nicht lebe. Ich habe die Nacht mit einem Mann verbracht, der mich schon fast nicht mehr liebt und den ich nicht verlassen kann. Nicht nur dazu fehlt mir der Mut.

Nachdem er gegangen ist, bin ich faul im Bett liegen geblieben. Vielleicht habe ich ein paar Seiten in einem Roman gelesen, vielleicht bin ich wieder eingeschlafen. Ich bin kein Morgenmensch, ich bin ein Mädchen der Nacht und der sich hinziehenden Träume, der in Trägheit gehüllten Regungen.

Gegen Mittag zwinge ich mich aufzustehen, um eine Ausstellung zu besuchen. Ed van der Elsken, im Jeu de Paume. Ich verharre lange vor der Fotografie eines Kusses, sie überwältigt mich, ich verlasse das

Museum mit dem Bild dieses Paares im Kopf. Die Intensität dieses Kusses. Diese Münder, wie sie einander verschlingen. Ich weiß nicht, ob ich jemals so geliebt wurde.

Ich streune durch die Straßen der Hauptstadt auf der ständigen Suche nach Schatten. Es ist schwül, die Metro ist brechend voll, die Stadt wimmelt von Menschen. Ich taumle, kehre um, alles um mich herum scheint sich zu drehen. Schweißgeplagt beeile ich mich, nach Hause zu kommen. Ich bleibe lange unter der eiskalten Dusche, das Wasser sticht pulsierend wie die Nadeln eines Tätowierers auf mich ein. Meine nassen Haare lasse ich über den Schultern abtropfen, planlos streife ich nackt durch das Wohnzimmer.

Mir scheint, dass ich seit Monaten, vielleicht schon seit Jahren, zu nichts mehr Lust habe. Nichts tun kann mit diesen verlorenen, vergessenen Sehnsüchten, als hätte die Dünung sie fortgetragen. Mich vom immergleichen Auf und Ab tragen lassen, wählen, aufgeben, von Neuem beginnen. Vielleicht hört man nie auf, es mit dem Leben zu versuchen.

Vor mir erstreckt sich der offene Horizont. Der beginnende Sommer entfaltet sich wie ein weißes Blatt

Papier. Meine Kinder sehe ich erst in etwa zehn Tagen wieder. Der Juli gleicht einem Versprechen.

Ich könnte aufhören, auf diesen Mann zu warten, meine Sachen packen, verschwinden und alles zum Teufel jagen. Ich könnte, wenn ich mich denn entscheiden würde.

Und dann erscheint diese Nachricht auf meinem Handy und mein Blick erstarrt. *Ich weiß nicht, wie ich Ihnen helfen kann.*

Diese Worte schickt mir mein Arzt, der auch deiner ist.

Ich verstehe nichts, nur, dass du tot bist.

I.

Du bist eine junge, geschiedene Frau Anfang der Achtzigerjahre. Mit fünfundzwanzig hast du von heute auf morgen alles stehen und liegen lassen, deinen Mann, das Haus auf dem Land, das ihr gerade erst gekauft hattet, deine ersten Träume, du bist gegangen und hast ein fast vierjähriges Mädchen in dein neues Leben mitgenommen. Erst bist du mit einem anderen Mann zusammengezogen, einer Affäre wie du sie manchmal hast, aber das hat nicht lange gehalten, du bist nicht für lange Beziehungen gemacht. Du hast eine Wohnung für dich und deine Tochter gefunden. Deine langen Haare hast du auf Schulterhöhe abgeschnitten, es steht dir, ab und zu bindest du dir Tücher um den Kopf, dann siehst du ein bisschen aus wie Romy Schneider in *Die Dinge des Lebens*. Alle finden, dass du eine schöne Frau bist, du bist groß und schlank, wählst immer Kleidung, die gerade in Mode ist, Jeans, ausgestellte Röcke, Lederjacke. Du magst es, den Abend mit Freunden zu verbringen, unterwegs zu sein, in Clubs zu tanzen, die Möbel neu zu streichen und den ganzen Tag zu rauchen. Du magst auch die französischen Chansons auf Radio FM, impressionistische Malerei, Pflanzen, Filme mit Bernard Giraudeau, Miou-Miou und Patrick Dewaere, bis spät in die Nacht aufzubleiben, Fernsehserien, Véronique Jannot in *Pause café*, den Lidschatten im gleichen Grün wie deine Augen, ein goldschimmerndes Grün, zu baden, Körpercremes zu kaufen, deine Nägel zu lackieren, deine Arbeit als Sekretärin, zu lesen, Romane und Frauenzeitschriften, schnell und ohne Gurt zu fahren, zu gefallen, zu verführen und mit Männern zu schlafen. Du magst es nicht, wenn man dir widerspricht, länger an einem Ort zu bleiben, deine Rechnungen zu bezahlen, lästige Bürokratie (das ist nicht dein Ding, auch wenn du eigentlich nicht weißt, was genau das ist, dein Ding), du magst es nicht zu kochen, einzukaufen, deine Ex-Freunde wiederzusehen, sie dir mit anderen Frauen vorzustellen, als könnte man über dich hinwegkommen, wie absurd, eine Frau wie dich vergisst man nicht, eine Frau wie dich gibt es kein zweites Mal. Du magst es nicht, als Mutter bezeichnet zu werden, die damit einhergehenden Pflichten, am Elternsprechtag zu erscheinen, Hausaufgaben zu kontrollieren, zu spielen, Geschichten vorzulesen. Du magst es nicht, dich auf jemanden einzulassen, seriös zu sein, an morgen zu denken.

Du glaubst lieber, dein Leben habe noch nicht begonnen und wartest ungeduldig darauf, dass etwas passiert.

An dein Leben mit meinem Vater habe ich keine Erinnerung. Alles beginnt mit dir, in deinen Fußstapfen und deinem Blick, als hätte es schon immer nur unser Zweiergespann gegeben. Ich bin die an deiner Seite, dieses kleine Mädchen an deiner Hand, ich bin dein braves Kind, dein Augapfel, deine einzige Liebe. Wir beide, immer schon.

Du fährst einen kleinen beigen Mazda, du sagst «gold», das klingt schicker. Obwohl ich noch nicht alt genug bin, sitze ich vorne, es nervt dich, mit jemandem auf dem Rücksitz zu sprechen. «Ich bin kein Taxi», wiederholst du oft.

Wir fahren gerade durch die Innenstadt, als du mir deine rechte Hand vor das Gesicht hältst. «Schau mal.» Ich neige den Kopf, sehe aber nichts, nur deine Hand, die nicht auf dem Lenkrad liegt, deine tanzende, umherwirbelnde Hand, wie ein Schmetterling denke ich, während die Boulevards noch immer in ziemlichem Tempo an uns vorbeiziehen. «Siehst du's denn nicht?» Ich schüttle den Kopf, du erklärst, du hättest dich beim Kochen verbrannt. Ich erkenne vage eine weiße Spur auf deiner Handfläche, nichts, was deine Aufregung begründet. Ich versuche, dich zu beruhigen, sage, «es ist nicht schlimm, Mama», du drehst dich zu mir, und da du dem Straßenverkehr keine Beachtung schenkst, prallen wir gegen das Fahrzeug vor uns. Der Stoß ist heftig, ich bin nicht angeschnallt, ich fliege gegen die Windschutzscheibe. Es tut weh, ich halte mir die Hand an den Kopf, ich habe mir in die Zunge gebissen, es blutet wie verrückt. Du wirst wütend, «was steht der da auch so rum, dafür werde ich schon wieder blechen müssen, das hat mir gerade noch gefehlt!» Du steigst aus dem Auto und während du den Typen beschimpfst, wische ich mir den Mund mit dem Ärmel meiner Bluse ab. Ihr schreibt einen Unfallbericht und stützt euch dabei auf der Motorhaube des Mazda ab. Hinter uns wird gehupt, ich ziehe den Kopf ein. Der Mann nickt in meine Richtung: «Ist Ihre Tochter nicht zu jung, um vorne zu sitzen? – Wer sagt, dass sie meine Tochter ist?» Deinem Ton nach zu urteilen, könnte man meinen, du liebst mich nicht. Als ihr mit dem Bericht fertig seid, setzt du dich wieder ins Auto, lässt den Motor an und fährst los. Meine Zunge hat aufgehört zu bluten, ich habe Kopfschmerzen, es wird vorbeigehen. Du führst Selbstgespräche, machst eine andere Geschichte daraus, erfindest den Unfall neu. Am Ende klingt es, als wären nicht wir in ihn, sondern er in uns reingefahren.

Als wir zu Hause ankommen, steigst du aus dem Auto und fährst mich an: «Das ist alles deine Schuld! Was soll ich bloß mit dir machen?» Ich laufe dir schweigend hinterher, du gehst vor, du gehst und machst große Schritte, als wolltest du mich auf Distanz halten.

In der Wohnung schaltest du die Stereoanlage an und drehst sie voll auf. Kim Carnes singt sich heiser, um von Bette Davis Augen zu erzählen. Du ziehst mich zu dir, hebst mich hoch und flüsterst mir ins

Ohr: «Ich liebe dich, du bist meine Tochter, ich würde mein Leben für dich geben.»

Ich träume von einem Haustier, du schenkst mir Wasserschildkröten. Es sind mehrere in einem Aquarium. Oft hebe ich sie aus ihrem Becken und lasse sie auf dem Teppichboden gegeneinander um die Wette laufen. Manche überleben es nicht. Ungerührt trägst du mir auf, sie in den Müllschlucker zu werfen. Manchmal stelle ich mir vor, dass eine von ihnen nicht tot ist, den Schacht hinaufklettert und nachts in mein Bett kriecht, um mich zu beißen.

Das Leben mit dir ist ein Leben auf der Überholspur, ein Wirbelwind. Morgens herrscht immer Hektik. Der Wecker hat nicht geklingelt, du kommst nicht aus dem Bett, schneist in mein Zimmer rein, «na los, schnell, wir kommen zu spät», also stehe ich, noch halb schlafend, auf. Ich ziehe an, was ich will, es ist dir egal, ich höre, wie du das Radio im Badezimmer aufdrehst, es sind Nachrichten, die ich nicht verstehe, diese Stimmen, die etwas erzählen, und du, die sich schminkt, Kajal, Puder und Lippenstift aufträgt. Manchmal beobachte ich dich durch den Türspalt, dann rufst du «geh da weg, iss was», also schlurfe ich in die Küche und esse, was gerade da ist, Kekse, einen Joghurt, etwas Brot. Manchmal ist auch nichts da. Da ich morgens keinen großen Hunger habe, stört mich das nicht. Du kommst dazu, siehst auf die Uhr, maulst, dass du keine Zeit hast, trinkst trotzdem einen Kaffee, einen großen Kaffee in einer großen Schale, rauchst eine Zigarette. Du rauchst ununterbrochen. Du isst nichts, du hast keinen Hunger, du hast nie Hunger. Du bist eine Liane, dünn wie ein Faden. Im Flur siehst du dich mehrmals im Spiegel an, zupfst dir die Haare mit den Fingern zurecht. Auch ich sehe mich an, uns beide im selben Spiegel, meine Haare sind verknotet, du bindest sie mir zusammen, man sieht es nicht mehr.

Keine Zeit zu verlieren, du treibst mich an, ich werfe mir eine Jacke über, dann meinen Schulranzen, besonders schwer ist er nicht, viel ist nicht drin, eine Tafel, Kreide und ein Schwamm in einer Plastikbox, ein Mäppchen, darin Stifte mit Erdbeerduft, und mein Schulheft. Ich bin gut in der Schule und wenn ich abends nach Hause komme, zeige ich dir stolz die mit Rotstift am Heftrand vermerkten «Sehr gut». Ich mag es, wenn du das Heft unterschreibst. Ich mag deine Schrift, sie ist groß, rund, Platz einnehmend. Sie hat deine Eleganz, sie ähnelt dir.

Wir verlassen die Wohnung, laufen die Treppen hinunter, einen Aufzug gibt es nicht, du läufst vor und ich dir nach, «na los, beeil dich!», wir kommen aus dem Gebäude, du siehst dich suchend nach dem Auto um, manchmal dauert es eine Weile, aber schließlich findest du es, öffnest die Türen, lässt mich vorne einsteigen. Die Fahrt dauert nur fünf Minuten, aber oft läutet die Schulglocke schon, wenn du mich an der

Straßenecke absetzt. Ich habe Angst, zu spät zu sein, nach allen anderen anzukommen, mit etwas Glück sind sie noch dabei, Reihen im Schulhof zu bilden. Du drückst mir einen flüchtigen Kuss auf die Wange. Ich renne zur Schule und drehe mich um, um dir zu winken. Meistens siehst du mich nicht.

Ein blassrosa Klappsofa mit Blumenmuster. Eine fliederfarbene Tapete. Ein Couchtisch, auf dem sich Zeitschriften und Romane mit Eselsohren türmen. Ein Päckchen Dunhill auf dem Tisch. Kunstdrucke von Sarah Moon an der Wand. Alle Platten von France Gall, Véronique Sanson und Michel Berger. Eine Pioneer Stereoanlage. Ein Fernseher. Ein Telefon mit Wählscheibe. Eine Mappe voller Kohlezeichnungen, nackte Körper, Frauengesichter, Landschaften. Schwere purpurfarbene Samtvorhänge. Eine noch glühende Zigarette, die in einem Aschenbecher verglimmt. Ein großer Spiegel im Badezimmer, rund um den Rahmen sind Glühbirnen montiert, wie bei einem Filmstar. *Femme* von Rochas auf dem Waschbeckenschrank. Mehrere Jeans, Seidenblusen, eine Bikerjacke, ein langer, schwarzer Mantel, Cowboystiefel, High Heels. Ein Fuchs, den du von deiner Großmutter geerbt hast. Eine ausgestopfte Eule, deren rotbraune Federn ich streichle. Eine präparierte Schildkröte, die größer ist als meine beiden Hände zusammen. Ein Käfig mit einem – noch – lebenden Kanarienvogel. Eine Terraillon Waage in der Küche.

Ein Eiswürfelbehälter in der Form eines Apfels. Fertiggerichte, die sich im Gefrierfach stapeln. Teller mit kleinen, verspielten Mustern. Himmelblaue Laken auf meinem schmiedeeisernen Bett, das vorher deines gewesen ist. Handtaschen, die an einer Garderobenleiste im Flur hängen. Die Tür, die du in Pastellfarben angemalt hast, weil du alles bemalst. Die Möbel in ständiger Bewegung. Die Kulisse unserer Existenz.

Ich schlafe bei dir, weil du es mir anbietest, weil wir zu zweit leben, weil es sonst niemanden gibt. Ich schlafe bei dir, deine Schultern sind mein Horizont, mein Herz ist auf deine Atmung getaktet. Abends schlüpfe ich in dein riesiges Bett und warte auf dich. Oft wiegt mich, noch bevor du kommst, das entfernte Rauschen des Fernsehers, ein Telefongespräch oder eine Schallplatte in den Schlaf.

Es stört dich nicht, dass ich in deinem Bett liege, im Gegenteil, du willst es so und welches Kind würde es ausschlagen, bei seiner Mutter zu schlafen, ihren Atem, ihre Haut, ihre Wärme zu spüren? An dich geschmiegt, geht es mir gut. In der Nacht sind wir uns am nächsten. In der Nacht liebe ich dich am meisten.

Manchmal ist auch ein Mann zu Besuch und dann schickst du mich in mein Zimmer, auf der anderen Seite des Wohnzimmers. Es sind Nächte, die sich wie Strafen, wie Abgründe anfühlen, schlaflose Nächte. Ich bin wütend, ich schmolle, ertrage es nicht, dass du ihm meinen Platz überlässt, mich beiseiteschiebst, mich vergisst. Ich habe Angst, dass du mich für einen anderen für immer verlassen könntest. Ich will nicht, dass außer mir jemand an dir riecht, dich ansieht, dich anfasst. Wie jedes Kind erwarte auch ich mir, dass du einzig und allein meine Mutter bist. Der Mann kommt nicht wieder. Also nehme ich meinen Platz wieder ein. Ein paar Abende die Woche, nicht jeden Abend, nicht jede Nacht. Aber genug, damit ich mich an sie erinnern kann und sich diese Ausnahmenächte in meinem Gedächtnis einprägen, diese ruhigen Nächte, diese angstfreien Nächte.

Ich kippe eine Schildkröte wie ein Stehaufmännchen auf den Rücken um. Ich sehe zu, wie sie mit den Beinchen in der Luft strampelt, ihren Hals nach links und rechts streckt, ihr hässliches Maul vergeblich öffnet. Ich frage mich, wie lange es dauern würde, bis sie stirbt, wenn ich nichts tue. Großherzig richte ich sie mit Daumen und Zeigefinger an ihrem Panzer wieder auf. Ich setze sie zurück ins Aquarium. Ich rette ihr das Leben.

An einem Morgen, an dem mal wieder alles zack, zack gehen muss, setzt du mich in letzter Minute bei der Schule ab und ich renne zum Tor. Als ich durch den Eingang laufe, merke ich, dass ich noch meinen Pyjama trage.

Ich bin ein schweigsames Kind. Auf dem Schulhof nennen sie mich die Stumme. Wenn sie mich fragen, ob alles in Ordnung ist, weiß ich nicht, was ich darauf antworten soll.

Weil ich nur dich sehe, wenn ich die Augen schließe. Weil ich von deiner Stimme und deinem hellen Lachen nicht genug bekomme. Weil ich den Samstagmorgen kaum erwarten kann, wenn ich *Émilie Jolie* im Wohnzimmer höre, während du auf dem Balkon rauchst. Weil ich nicht weiß, wohin sich dein Blick verliert, wenn du in den Himmel schaust. Weil sich der Duft deiner Haut in mein Herz eingebrannt hat. Weil ich Angst habe, dir könnte etwas zustoßen. Weil ich allen Grund habe, Angst zu haben.

Die Wohnung ist in Dunkelheit getaucht. Ich habe mit meinem eigenen Schlüssel aufgesperrt. Seit ein paar Tagen komme ich alleine von der Schule nach Hause. Die Fensterläden im Wohnzimmer sind geschlossen. Mitten am Nachmittag herrscht tiefste Nacht. Ich taste die Wand ab, um den Schalter zu finden, es macht klick, nichts passiert. Wahrscheinlich ein Stromausfall, das ist nicht ungewöhnlich in diesem Haus, auch das gehört zu den HLM-Wohnungen, regelmäßig fliegt eine Sicherung raus. Ich lege meinen Schulranzen im Flur ab, drehe eine Runde durch die Wohnung, niemand ist da, also gehe ich in mein Zimmer, setze mich aufs Bett und warte. Es dauert eine Weile bis ich dich lachen höre, als würdest du auf der anderen Seite der Wand eine Explosion nachahmen. ÜBERRASCHUNG! Plötzlich gehen die Lichter an, du stehst mitten im Raum und streckst die Arme wie zum Sonnengruß nach oben. Auf dem Boden liegen überall bunte Luftballons. ALLES GUTE ZUM GEBURTSTAG MEIN SCHATZ! Du siehst glücklich aus wie jemand, dem gerade ein besonders guter Streich gelungen ist. «Ich dachte, wir beide könnten eine kleine Party feiern.» Du hast an alles gedacht, «na los, wir zünden die Kerzen an», und während du mit dem Feuerzeug hantierst, klettere ich auf einen Stuhl, bestaune den Kuchen, er ist riesig und nur für uns zwei. Du ermunterst mich und ich puste so fest ich kann, ich puste um sie alle auf einmal auszublasen, sonst bringt es Unglück, das hast du selbst gesagt. Du klatschst in die Hände, umarmst, drückst und küsst mich bis es weh tut. Der Rauch der Kerzen verfliegt, du ziehst sie eine nach der anderen raus, schneidest mit dem Messer ein großes Stück Erdbeertorte ab, legst es auf einen Teller und reichst ihn mir. Du hast Saft und Süßigkeiten gekauft, mein Mund ist voller Zucker, meine Finger sind klebrig.

Du legst eine Platte auf, *Sweet Dreams Are Made of This*, du drehst, drehst und drehst dich, und ich sehe dir zu, deine helle Haut glüht. Du reißt mich mit, lässt mich unter deinem Arm drehen, drehen und drehen. Die Torte und die Süßigkeiten drehen sich im Magen mit, ein bisschen ist mir danach, mich zu übergeben, aber vor allem will ich mit dir tanzen, immer weiter, und während wir tanzen, treten wir in die Luftballons, sie fliegen gegen die Möbel, einen von ihnen zerreißt es wie mein Herz. *Everybody's looking for something.* Der elektronische Beat dröhnt durch die Wohnung, meinen Kopf, meinen Bauch, mein Trommelfell. Du siehst mich mit glasigen Augen an.

Es reicht dir nicht, die Möbel umzustellen. Du bist rastlos. Wir ziehen ständig um. Von einer Sozialwohnung in die nächste. Du schwimmst nicht gerade im Geld, du bist eine alleinstehende Frau, geschieden, Beamtin, hast ein Kind zu versorgen. Damit hast du gute Karten.

Anfangs bist du immer begeistert von der neuen Wohnung. Sie ist größer, heller, besser gelegen, ruhiger. Du nennst sie unser Nest, unsere Oase. Es macht dir Spaß, die Wände selbst zu tapezieren, von deinem Vater leihst du dir Material, um die Bahnen mit Kleber zu bestreichen. Es sind fröhliche Momente. Trällernd tauchst du den großen Pinsel in die mit Kleister gefüllte Wanne, du hast die Haare unter einem Turban zusammengebunden und trägst einen alten Malerkittel. Ich spiele mit der weißen, zähen Masse, die an meinen Fingern haften bleibt, wenn ich sie am Tisch abstreife, kleine Hautschuppen, die ich kurz darauf genüsslich abziehe. Der Geruch von Kleber hängt in der Luft. Du wählst Tapeten mit großen Motiven, meistens Blumen, was dir die Arbeit erschwert, Feinarbeit hasst du. Sind die Wände bezogen, streichst du den Rest, die Türen, die Fensterrahmen, die Fußbodenleisten, die Heizkörper. Nichts darf aussehen wie vorher. Jeder neue Ort ist eine neue Haut.

Mein Zimmer liegt neben der Wohnungstür, neben dem Bad, am Ende des Flurs. Aus dem Fenster sehe ich mal einen Friedhof, mal einen Park, mal ein Einkaufszentrum. Wir wohnen nie in den besseren Vierteln, wir bleiben in den Randbezirken, nähern uns nur selten der Innenstadt. Ich kann mich nicht erinnern, je im Erdgeschoss gewohnt zu haben, sondern immer im dritten, sechsten oder obersten Stock eines Plattenbaus. Ein Aufzug ist ein Plus, selbst wenn er in dieser Art von Siedlung regelmäßig ausfällt. Ich bin einige Male stecken geblieben, alleine oder mir dir, in Panik und wie eine Irre auf die Notruftaste einhämmernd. Du hast Platzangst. Du lässt mich den Abfall in den Müllschlucker werfen, was in mir sowohl Faszination als auch Ekel auslöst: zu hören, wie der Müll durch den Schacht fällt und Dutzende Meter weiter unten landet, hat etwas Berauschendes, aber der beißende Gestank, der aus der klebrigen Klappe dringt, dreht mir den Magen um. Mit etwas Glück hat die Wohnung einen Balkon. Du begrünst ihn mit Pflanzen, die du sterben lässt. Du hast einen gewissen Hang zur Vergesslichkeit. Sind die Gewächse alle ausgetrocknet, entsorgst du sie ungerührt und ersetzt sie durch neue. Und so erblüht wieder neues Leben.

Der Reiz des Neuen ist nicht von Dauer. Die Hochphase kann ein Jahr, manchmal auch länger anhalten, bis du es dort nicht mehr aushältst. Die Wohnung ist zu dunkel, nicht schalldicht, zu weit von deiner Arbeit entfernt oder schlecht aufgeteilt. Du willst weg. Also rufst du wieder beim Sozialamt an und wir ziehen erneut um. In den Jahren, die ich mit dir zusammenlebe, wiederholt sich das ein Dutzend Mal. Ich wechsle oft die Schule. Ich habe keine Freunde. Ich habe nur dich.

Abends weinst du manchmal und starrst ins Leere. Ich lege den Kopf auf deine Knie. Du streichelst mir durchs Haar. In der Stille höre ich deine Tränen fließen.

Dis-lui de revenir, je l'attendrai toute la saison. Sobald das Stück zu Ende ist, legst du es wieder auf. Das Lied dauert 58 Sekunden. Es hat nur zwei, fast identische Strophen. Es ist unerträglich, ein so kurzes Lied in Dauerschleife zu hören. Es ist das letzte der Seite und daher musst du immer warten, bis der Tonarm einrastet, um die Nadel wieder an der richtigen Stelle zu platzieren. Du rennst zwischen dem Sofa und der Anlage hin und her, spielst das Lied erneut ab, nach 58 Sekunden setzt du dich hin, nach 58 Sekunden bist du wieder auf den Beinen. Die Platte hat keinen Sprung, aber bei dir bin ich mir nicht so sicher. *Et tout appelle à l'amour comme ça sans raison.* Das Album heißt *Amoureuse*. Die Stimme von Véronique Sanson legt sich über deine. Eine klare, verzweifelte Stimme. Ich weiß nicht, in wen du verliebt bist, aber ich glaube, man muss es gewesen sein, um so ein Lied in Dauerschleife zu hören, man muss sehr verliebt in jemanden gewesen sein und sehr gelitten haben, keine Frage. Solche Lieder sind wie Pflaster auf unverheilten Wunden der Liebe. *Dis-lui de revenir, je l'attendrai toute la saison.* Die Stimme von Véronique Sanson prallt an den verwinkelten Wänden der Wohnung ab, die mir plötzlich schrecklich leer vorkommt. Das Echo des Verbs *revenir* schallt von überall herüber, wie eine Flipperkugel, die in jede Ecke schnellt. Etwas nistet sich da ein, in der linken Herzkammer. Ein leidendes Herz macht einen höllischen Lärm.

Da ist dieses Buch auf dem Couchtisch. *Bonjour tristesse.* Du vertiefst dich oft hinein, liest manche Passagen mehrmals. Als du es eines Abends zur Seite legst, sagst du: «Das wäre auch ein guter Titel für mein Leben.»

Im Sommer fahren wir zum Campen in die Bretagne. Du tust so, als ob du Spaß daran hättest, aber eigentlich glaube ich, dass wir einfach nicht genug Geld für etwas anderes haben. Die Bretagne findest du ideal, man ist am Meer, es ist weder zu heiß noch zu weit weg, alles, was sich unterhalb der Loire befindet, lehnst du aus Prinzip ab. Unsere Sachen packst du lange im Voraus, campen erfordert einiges an Ausrüstung. Du hast ein Familienzelt beschafft, es aufzubauen ist eine echte Herausforderung, da sind die Schnüre, Stangen und Heringe, und wir dürfen den Hammer nicht vergessen, um sie tief in den Boden zu schlagen, vor allem wenn die Erde zu trocken ist und du mich zu einem Nachbarn schickst, um ihn um Hilfe zu bitten. Es widerstrebt dir, einen Mann um Rat zu fragen. Du schreibst eine Liste auf einem weißen Blatt Papier, die Liste mit allem, was nicht vergessen werden darf, Kleidung für den Fall, dass das Wetter schön wird und solche für den Fall, dass es regnet, du packst einen Klapptisch und Klappstühle ein, alles muss klappbar sein um in den Kofferraum des Mazda zu passen, auch einen Sonnenschirm und Strandtücher nimmst du mit, und einen Windschutz, den wir nicht brauchen werden. Uns erwarten sechshundert Kilometer, und damit wir nicht zu spät losfahren lädst du alles am Vortag ein und stehst nachts ständig auf, um sicherzugehen, dass niemand versucht, das Auto zu klauen, dabei frage ich mich, wer schon an einem Zelt, einem Sonnenschirm und ein paar Strandtüchern interessiert sein sollte, aber du sagst «man weiß nie, man kann den Leuten nicht trauen.»

Du bereitest Sandwiches zu und legst Chipstüten bereit, eine Stange Zigaretten, als gäbe es in der Bretagne keine Zigaretten, als befände sich der Campingplatz in Saint-Malo auf einem anderen Planeten. Und so fahren wir beide also los, ich wie immer auf dem Vordersitz, sonst kommt dir die Fahrt viel zu lang vor. Meine Aufgabe ist es, die Kassetten in das

Autoradio zu schieben, von denen eine ganze Sammlung im Handschuhfach liegt, mittlerweile kenne ich sie alle auswendig. Supertramp, Christopher Cross, Françoise Hardy. Auf einer deiner Lieblingskassetten haucht Jane Birkin, sie wünsche sich, die Erde würde stehen bleiben, um runterzukommen. Du verschmilzt mit diesem Satz, mit dieser brüchigen Stimme, der Art, wie sie die Worte betont. Auch du würdest oft gerne runterkommen.

Nach unserer Ankunft bringen wir einen Tag damit zu, das Zelt aufzubauen, die nächsten Tage regnet es, wir bleiben im Zelt und lesen. Manchmal gehen wir an den Strand, ich gehe ins Wasser und du bleibst auf dem Handtuch liegen, immer wieder drängst du mich, «hab dich nicht so, geh zu den anderen», aber ich gehe nie zu irgendjemandem hin, es sind die anderen Kinder, die schließlich zu mir kommen und gerade als ich anfange, Freundschaften zu knüpfen, sind die Ferien auch schon wieder vorbei. Wir bauen das Zelt ab, was fast so lange dauert wie es aufzubauen, packen zusammen bis zum nächsten Jahr, fahren nach Hause. Ende des Sommerintervalls.

Aus einer Reportage von Jacques-Yves Cousteau lerne ich, dass Schildkröten, wenn sie auf den Rücken fallen, innerhalb von zwei bis drei Stunden sterben. Das Gewicht der umgedrehten Organe drückt auf ihre Lungen bis sie ersticken.

Oft besuchen wir deine Schwester in ihrem Haus am Stadtrand. Es ist ein kleines Haus mit drei oder vier Zimmern, es ist verschroben, sonderbar. Der Garten ist riesig, eine Schaukel hängt an einem Baum und am Ende des Gartens fließt ein Fluss. Es ist paradiesisch. Meine Tante backt Kuchen mit Obst aus eigenem Anbau, sie macht alles selbst, fasziniert beobachte ich, wie sie den Teig knetet, dich habe ich das noch nie machen sehen. Im Wohnzimmer steht ein Schaukelstuhl, es gibt selbst gestrickte Decken, wir trinken Milchkaffee aus großen Emaille-Schalen. Mein Onkel hackt Holz für das Kaminfeuer. Katzen räkeln sich wohlig, meine Cousinen können mit ihnen machen, was sie wollen, sie werden nie gekratzt. Die Erwachsenen rauchen und unterhalten sich im Wohnzimmer über Politik, sie hören Folk, mein Onkel hat eine Gitarre und spielt Songs von Cat Stevens, *Lady d'Arbanville*, ich trällere *lalala-lalala* auf den Refrain. Mir scheint, als würde sich hier in diesem Haus das wahre Leben abspielen, ein Leben in dem man draußen in Gummistiefeln herumläuft und den Rest der Zeit barfuß in Pantoffeln verbringt. Hier scheint sich alles zu verlangsamen, während du und ich immer nur provisorisch leben, in Wohnungen, in denen wir uns nie lange aufhalten. Bei uns geht alles zu schnell, das Auto, die Musik, die Tage, die Nächte. Ich erinnere mich noch, dass ich hoffte, wir würden auch irgendwann ein Haus, viel Platz und viel Zeit haben. Eines Tages ein normales Leben haben.

Du sagst: «Du hast Glück, eine junge Mutter zu haben, später werde ich ein bisschen wie eine Freundin für dich sein.»

Jedes zweite Wochenende bin ich bei meinem Vater. Du erträgst es nicht, dass er wieder geheiratet hat, obwohl du diejenige bist, die gegangen ist. Du sagst «mein Mann» wenn du vor mir von ihm sprichst. Aber wie kann er dein Mann sein, wenn er mit einer anderen verheiratet ist? Kann man mit mehreren Personen gleichzeitig verheiratet sein? Und warum redet ihr dann kein Wort miteinander, warum seht ihr euch nie, warum seid ihr Fremde füreinander geworden, ja sogar Feinde, denn schließlich herrscht Krieg? Du sagst «mein Mann» und «die andere» wenn du von seiner Frau sprichst, erklärst mir, ich dürfe sie nicht mögen, ich müsse mich entscheiden, ermahnst mich, «ich bin deine Mutter, vergiss das nicht». Ich werde dich nicht verraten. Du erzählst, mein Vater habe sich für «ein neues Leben entschieden und zwar ohne dich, ohne dich!». Ich glaube dir, denn schließlich sehe ich ihn kaum, es muss wahr sein, dass ich ihm nicht mehr so wichtig bin. Du sagst, du würdest mir so etwas nie antun, «für mich wird es immer nur dich geben, wir beide bleiben zusammen», für mich ist das wie ein Pflaster, ein wärmender Balsam auf meinem Herzen, ja, so wird es sein, für mich wird es immer nur dich geben, für immer nur du und ich, wir beide, Seite an Seite in deinem großen Bett. Du wirst mich nie im Stich lassen.

Das Pflaster bleibt nicht lange kleben. Wenn ich sonntagabends nach Hause komme, schläfst du manchmal schon, manchmal bemerke ich vergessene Männerkleidung auf einem Stuhl, manchmal sagst du, du seist enttäuscht, dass ich so früh nach Hause komme, du hättest gar keine Zeit gehabt, das Wochenende zu genießen.

An einem Weihnachtsabend überschüttest du mich mit Geschenken. Eine Babypuppe, eine Wiege, ein Kinderwagen, ein Wickeltisch, ein Hochstuhl. Ich brauche Stunden, um alles auszupacken, im ganzen Wohnzimmer liegt Spielzeug herum. Du erfreust dich an diesem Überfluss. Du streichst mir über die Wange und sagst: «Deine Mutter zu sein ist das Einzige was zählt in meinem Leben.»

Jeden Dienstagabend bin ich bei deinen Eltern. Deine Mutter ist zärtlich, ausgeglichen, beruhigend. Sie erzählt mir Geschichten, bringt mir das Lesen bei, kämmt mir behutsam die Haare, kocht mir mein Lieblingsessen, bringt mich ins Bett, bevor es Nacht wird. Ich frage mich, wie ihr so unterschiedlich sein könnt.

Wenn du zum Abendessen Besuch hast, darf ich sehr lange aufbleiben. Eingelullt von euren Gesprächen spiele ich mit der präparierten Schildkröte und der ausgestopften Eule. Ich teste die Widerstandsfähigkeit des Panzers, fahre gedankenverloren mit den Fingern durch die Federn. Mir ist nicht klar, dass es sich um tote Tiere handelt, ich ekle mich nicht, sie sind meine Freunde, meine Vertrauten.

Du wiederholst ständig, du wollest dem Ganzen ein Ende setzen. Ich verstehe den Ausdruck nicht. An einem Nachmittag suche ich nach dem Unterricht in einem der Schulwörterbücher danach. Ich finde die Definition von «das Ganze». Dadurch wird es nicht klarer. Ich traue mich nicht, Fragen zu stellen.

Ich betrachte das Brautkleid, dass du aufbewahrt und in deinen Schrank gehängt hast. Ich wundere mich über die Farbe, ein blasses Grün. Du sagst, ein weißes Kleid sei schwanger nicht angebracht gewesen. Ich rechne im Kopf nach und komme schnell zum Ergebnis: Ich kann nicht diejenige sein, die du damals erwartet hast. Nachts träume ich, dass ich nicht euer Kind bin, mit einem anderen vertauscht wurde, mir etwas verheimlicht wird.

Wir gehen ins Kino. Das machen wir nur selten, es ist ein Ereignis. Du nimmst mich in einen Film mit, der in den 20-Uhr-Nachrichten besprochen wurde. «Er wird dir gefallen, er ist mit Marionetten.» Ich habe Marionetten schon immer gehasst. Ich finde sie unheimlich, genauso wie Clowns, den Weihnachtsmann und Leute auf Kostümpartys. Ich mag es nicht, wenn sich Leute zur Schau stellen, ich mag keine Verkleidungen und ich mag keine Marionetten, man weiß nie, was sich dahinter versteckt.

Ich sitze neben dir in dem vollen Kinosaal und speichere diesen Moment in meinem Gedächtnis ab. Das Licht geht aus, zwischen uns und im Saal wird es dunkel. Auch die Leinwand ist finster, ich sehe nur Monster, furchteinflößende Vögel, ich klammere mich an den Armlehnen fest. Ich flüstere dir zu, dass ich gehen will, Angst habe, auf die Toilette muss. Du willst nicht, sagst, du hättest für die Plätze bezahlt, also bleiben wir, ich solle mich nicht so anstellen, ich würde übertreiben, ein Drama daraus machen, «na komm, hab dich nicht so». Ich lasse mich noch ein Stückchen tiefer in den Sessel sinken, halte mir die Hände vor die Augen. Ich versuche, den Blick von der einäugigen Hexe und den Geiern mit ihrem schrecklich gellenden und kratzigen Gekreische abzuwenden. Ich wiederhole innerlich Zauberformeln, *so lange ich bei meiner Mutter bin, kann nichts passieren, so lange meine Hand ihre Hand halten kann, ist alles gut.*

Als das Licht wieder angeht, frage ich dich, ob du mich mutig gefunden hast. Du antwortest: «Jetzt mach dich nicht lächerlich, das war doch nur ein Film!»

Mit Einbruch der Nacht träume ich von den Geiern, von ihren spitzen Schnäbeln, ihren kahlen Hälsen und höre ihre kratzenden Schreie im Dunklen. Wenn ich mich konzentriere, höre ich sie noch heute. Die Monster sind immer noch da.

Ich beobachte die Schildkröten beim Schwimmen. Ihre langsamen Bewegungen, die winzigen Füßchen mit den Flossen, den roten Streifen auf ihren Schläfen. Ich finde sie zu hässlich, um ihnen Namen zu geben, ich gewinne sie nicht lieb. Die Schildkröten sind da, mehr nicht.

Mittwochs begleite ich dich hin und wieder zur Arbeit. Du bist Sekretärin in einem Krankenhaus. Dein Büro liegt gleich neben einem Auditorium. Wenn der Hörsaal leer ist, wird er zu meinem Spielplatz. Ich renne zwischen den Sitzreihen hin und her, laufe die Treppen rauf und runter, setze mich auf einen der Plätze. Wenn ich besonders wagemutig bin, rufe ich laut ein paar Worte, die wie ein Echo widerhallen. Aber am liebsten steige ich auf das hölzerne Podium hinter dem Rednerpult. Ich tue, als ob ich Unterricht geben würde, verwandle mich in eine Professorin, erfinde Wörter aus der Medizinersprache, *Dolyproxidin, Sardometriose, Karapalgie*, schreibe sie mit Kreide an die riesige Tafel. Wenn eine Vorlesung gehalten wird, bleibe ich in deiner Nähe, male an einer Tischecke, beobachte dich. Auf mich wirkt es, als würden dich alle hier lieben. Den ganzen Tag über kommen Medizinstudenten bei dir vorbei, manchmal auch Dozenten, sie unterhalten sich lange mit dir und scheinen dich gut zu kennen. Ab und zu geht ihr nach draußen, um zu rauchen. Ihr redet über Partys, Umtrünke anlässlich von Dissertationen, Privatfeiern. Du lächelst, bist fröhlich und leicht. Ihr lacht über Dinge, die ich nicht verstehe. Du sagst «pst, nicht vor der Kleinen» und schiebst mich mit dem Arm zur Seite.

Ich borge mir deinen Nagellack aus, um einer Puppe die Nägel zu lackieren. Als du es bemerkst, wirst du unglaublich wütend. Du sagst, jetzt sei die Puppe hin und wirfst sie aus dem Fenster des sechsten Stocks. Am nächsten Tag schenkst du mir eine neue.

Du nimmst mich mit zu einem Freund von dir. Ich kenne ihn nicht. Er hat einen Namen wie ein Gaukler. Er ist Pfleger in einem Krankenhaus, wo er auch wohnt. Wir verbringen den späten Nachmittag mit ihm, er setzt mich vor einen Zeichentrickfilm. Ich konzentriere mich auf den Fernseher, um nicht zu sehen, was ihr tut, nicht zu hören, was ihr sagt, schließlich sind es Erwachsenendinge. Er bietet uns an, zum Abendessen zu bleiben. Wir sitzen zu dritt an der Bar, die das Wohnzimmer von der Küche trennt, der Hocker ist zu hoch für mich, ich werde müde, lege mich auf das Sofa. Ich höre eure Stimmen, das Geräusch der aneinander klirrenden Teller, das gluckernde Wasser im Abfluss.

Als ich aufwache, ist es mitten am Tag. Jemand hat eine Decke über mich gelegt. Wo bist du? Ich habe Angst, mich zu bewegen. Trotzdem stehe ich auf, werfe einen Blick Richtung Küche, niemand. Ich beschließe, an die Zimmertür zu klopfen. Mein Bauch tut weh. Die Tür steht offen, er liegt alleine im Bett. «Wo ist Mama?» Er dreht sich zu mir, streckt sich, macht Geräusche wie ein Bär. Er hat viele Haare am Kopf und am Körper.

«Deine Mutter ist zur Arbeit gegangen, sie wollte dich nicht wecken, weil du so tief geschlafen hast.»

«Aber ... und die Schule?»

«Sie hat gemeint, das macht nichts. Nach der Arbeit kommt sie dich abholen. Ich habe eine Konferenz um elf, aber du kannst hierbleiben oder im Park spazieren gehen, hast du gesehen, wie groß er ist?»

«Alleine?»

«Du bist doch ein großes Mädchen, oder?»

Ich weiß nicht, ob ich ein großes Mädchen bin. Ich will nicht hierbleiben. Ich kenne diesen Mann nicht, aber ich reiße mich zusammen, ich will nicht vor einem Fremden weinen. Er steht auf, macht mir eine heiße Schokolade und schmiert mir Brote. Ich denke an die Schule, an das Diktat heute Morgen, an die Entschuldigung, die ich mitbringen, an den Unterricht, der nachgeholt werden muss. Er öffnet das Wohnzimmerfenster. Der Park ist riesig. Ich lehne mich nach draußen, um mich umzusehen. Plötzlich ertönt ein Schrei. Erschrocken drehe ich mich zu ihm. Er lacht, sagt, ich bräuchte keine Angst zu haben, schließlich sei das hier «ein Krankenhaus für Irre».

Ich verbringe den Tag auf dem Sofa in meinen Kleidern vom Vortag und schaue fern. Ich denke viel an die Schule. Du wirst schon wieder lügen, behaupten, ich sei krank gewesen, aber ich mag es nicht, wenn du der Lehrerin erfundene Geschichten erzählst, weil ich weiß, dass sie weiß. Sie wird deine Entschuldigung in meinem Schulheft lesen, mir sagen «keine Sorge, das holst du schon nach» und es nicht mehr erwähnen. Gegen siebzehn Uhr kommst du mich abholen. Du fragst, ob ich meinen *freien Tag* genießen konnte, entschuldigst dich dafür, mich nicht geweckt zu haben, du wärst schon spät dran gewesen. «Eine gute Schülerin wie du hat die Schule sowieso nicht nötig!» Du bedankst dich beim Gaukler auf mich aufgepasst zu haben und wir gehen nach Hause. Den Mann sehen wir nie wieder.

Am Wochenende gehst du oft mit Freundinnen tanzen. In den Tagen davor bekomme ich mit, wie du dich darauf vorbereitest, deine Freundinnen kommen zu uns, ihr sprecht über die Kleider, die ihr anziehen wollt, die Leute, die ihr treffen werdet, die neueste Musik, die ihr gerne hören würdet. Ich beobachte euch, meistens seid ihr zu dritt, eine von euch hat sehr lange Haare, trägt Stiefel mit hohen Absätzen und breite Gürtel um ihre schmale Taille. Für mich, so viel steht fest, sieht so eine echte Frau aus.

Wenn sie gegangen sind, legst du eine Platte auf, drehst lauter, Pech für die Nachbarn. Mit deinen Katzenaugen säuselst du, flehst mich an, «tanz mit mir», also kreise ich um dich herum, bewege die Arme, als wolle ich den Himmel und deine Haare und deine Augen berühren, als bestünde das Leben nur daraus Musik zu hören, den Körper auf ihr gleiten zu lassen und alles andere zu vergessen.

Auf dem Cover deiner Lieblingsplatte ist eine Frau in einem Negligé aus Seide abgebildet, sie hat rote Haare und zieht ihre Strümpfe aus. Das Foto fasziniert mich, es sieht aus wie eine Kopie von dir. Ich frage dich, worum es geht in dem Lied, dass du andauernd hörst, «ach, um eine betrogene Frau». Ich verstehe nicht, was dieses Adjektiv bedeutet. Du erklärst: «Wenn dir einer sagt, er liebt dich, obwohl es nicht stimmt. Männer machen das so.»

Jeden Monat bekomme ich mit der Post Merkkarten zu bestimmten Tierarten geschickt. Ich räume sie sorgfältig in eine orange Plastikbox. Den Umschlag öffne ich jedes Mal mit der gleichen Angst: dass auf einer der Karten ein Reptil sein könnte und es mir gleich ins Gesicht springen wird.

Du bist eine Frau, die auf ihr Äußeres achtet, der gepflegte Haut, Haare und ihr Erscheinungsbild wichtig sind. Ich mag die behutsame Art, mit der du den braunen Lidschatten auf der zarten Haut deiner Augenlider, die Mascara auf deinen langen, fein getrennten Wimpern aufträgst. Auf der Straße drehen sich die Leute manchmal nach dir um, das bekomme ich mit, Männer sehen dich an, Frauen auch, und das erfüllt mich mit Stolz. Oft träume ich von der Frau, die ich später gerne wäre und dein Gesicht ist es, das mir in meinen Träumen erscheint, dein Gesicht und dein schmaler, hochgewachsener Körper, dein transparenter Teint, deine Sommersprossen. Ich wäre gerne wie du, eine freie, unabhängige Frau, die ihren eigenen Regeln folgt und nur auf sich selbst hört.

Es macht mir Spaß, deine Gesten nachzuahmen, die Art, wie du deine Handtasche trägst, eine Haarsträhne aus dem Gesicht streichst, durch die Straßen gehst. Ich bastle eine Zigarette aus einem zusammengerollten Stück Papier und übe damit, sie so wie du zu halten. Ich zweifle keine Sekunde daran, dass ich als Erwachsene rauchen werde, überhaupt werde ich alles so machen wie du, ich werde kaum etwas essen, spät ins Bett gehen, nur ein Kind bekommen und es alleine großziehen. Es wird keinen Mann in meinem Leben geben, Männer werden Randfiguren meiner Existenz bleiben, wie Nachtfalter, die als undefinierbarer Schwarm mit nervtötendem Getöse ums Licht schwirren.

Wenn du abends deinen Schmuck ablegst, probiere

ich ihn an. Am liebsten mag ich deine Ringe, ein großer Aquamarin und ein breiter Silberring mit einer Perle. Sie rutschen mir von den Fingern, das ärgert dich, «hör auf, damit zu spielen, früher oder später verlierst du sie», also lege ich sie zurück in das Zinnkästchen auf deinem Nachttisch, dort, wo auch immer ein Buch liegt, von Colette, Marguerite Duras oder Françoise Giroud. Du bist eine Leserin und ich stöbere in deinem Bücherregal, es sind viele Frauen dort, Frauen, die von Frauen erzählen. Ich mag es, wenn wir schweigend und in der Stille des Wohnzimmers Seite an Seite lesen.

Ich fühle mich dir so nahe als wären wir ein und dieselbe Person. Du hast nur mich und ich habe nur dich. Ich bin dir nie wegen etwas böse, selbst wenn ich natürlich merke, dass du nicht wie andere Mütter bist, du nicht mit mir spielst, meine Hausaufgaben nicht überprüfst, sonntags keinen Kuchen backst, mich nie ins Bett oder zum Zähneputzen schickst. Und wenn schon. Alles an dir fasziniert mich.

Daran erinnere ich mich, an diese Vergötterung.

«Ich hab ein Geschenk für dich», sagst du und überreichst mir eine beige Papierkarte. Mein Personalausweis. Du hast deinen Namen hinzufügen lassen. Du sagst, damit sei die Gerechtigkeit wieder hergestellt, du würdest nicht einsehen, warum ich den Namen meines Vaters tragen sollte, obwohl ich bei dir lebe. Nach meiner Meinung hast du nicht gefragt. Ein brandneues Passfoto zeigt ein verkrampftes Lächeln und einen wüsten Pony, der meine Augen verdeckt. Zwei Namen stehen auf dem Papier. Eure beiden Namen, die einander verächtlich mustern. Ich weiß nicht mehr, wie ich heiße.

Eines Abends nimmst du mich mit zu einer Studentenfeier. In der riesigen Wohnung ist die Musik sehr laut. Niemand wundert sich, was ein Kind dort macht. Ich habe ein Malbuch und Filzstifte dabei, setze mich im Schneidersitz in eine Ecke des Raums. Kurze Zeit später laufen kichernde Mädchen an mir vorbei, sie sind nackt. Eine Gruppe von Mädchen und eine von ihnen bist du. Ich muss an unsere Tapete denken, alles ist rosa und verschwommen.

Mit dem Lippenstift schreibst du in riesigen Buchstaben *ich liebe dich* an den Spiegel in meinem Zimmer.

Männer kommen und gehen. Ihre Existenz offenbart sich mir in zufällig bemerkten Details, einem aufgeschnappten Gespräch, einer Telefonnummer, die im Flur in ein Heft gekritzelt wurde, an einer Unruhe in deinem Blick. Die meisten halten sich nicht lange auf, ich begegne ihnen nicht. Andere bleiben etwas länger. Bei einem von ihnen wohnen wir ein paar Monate. Du sagst, dass du ihn liebst, es dir ernst mit ihm sei. Einmal bricht nachts ein heftiger Streit zwischen euch aus. Am nächsten Tag sind wir weg. Später zieht ein anderer bei uns ein. Ich finde ihn nett, aber dann bedroht er dich mit einem Gewehr und diesmal ist er derjenige, der geht. Du hast einfach kein Glück, alles Arschlöcher, die dich nur ins Bett kriegen wollen, so sagst du es, so sprichst du mit mir, ins Bett kriegen, Arschlöcher, sie haben dich nicht verdient. «Ich brauche Liebe, mein Schatz, und ich glaube, niemand liebt mich.» Ich antworte, dass es nicht so schlimm ist, es uns gut geht zu zweit, wir niemand anderen brauchen, aber natürlich weiß ich, dass das keine Lösung ist, ich sehe ja die anderen, meinen Vater und seine Frau, meine Onkel und Tanten, all die Paare um uns herum und du, die alleine bleibt.

Ich würde dich gerne beschützen, meine Arme um dich legen und dich fest an mich drücken wenn du weinst, deine Handtasche und deine Einkäufe tragen, dir ein Bad einlassen und einen Kaffee machen, Bilder für dich malen, einen Haufen Bilder auf denen wir zusammen vor einem Haus und Bäumen stehen, «guck mal, wir halten Händchen», Geschichten für dich schreiben, Lieder für dich singen, dich glücklich machen. Ich spüre ja, dass du manchmal wankst, dir der Boden unter den Füßen wegrutscht, du das Gleichgewicht verlierst. Kinder spüren so etwas, die feinen Risse, die sich langsam im Alltag und in den Herzen ihrer Eltern bilden. Da ist etwas, das immer weiter auseinanderklafft, ich sehe es und nichts kann es wieder zusammenflicken.

Meine Milchzähne fallen nicht aus und der Zahnarzt beschließt sie zu ziehen, um Platz für die bleibenden Zähne zu schaffen. Das sind viele Zähne. Du versprichst mir eine Belohnung, wenn ich mich während der Behandlungen brav verhalte. Stoisch lasse ich mir vom Zahnarzt die Spritzen geben, obwohl es weh tut, obwohl ich das Gefühl seiner Finger in meinem Mund hasse, obwohl ich das Blut sehe, als ich in den kleinen Metallbecher spucke, den er mir reicht, bevor er mir meine Zähne in einem kleinen Plastikbeutel übergibt, um sie nachts für die Zahnfee neben mein Bett zu legen. Ich glaube nicht an den ganzen Kram, nehme den Beutel aber trotzdem schnell an mich, um es endlich hinter mir zu haben. Von der Praxis gehen wir direkt zum Spielwarengeschäft. Du machst mir oft Geschenke, einfach so, um mir eine Freude zu machen. Du gibst viel Geld für mich aus. Auf meinem Bett liegt eine Schar von Stofftieren, du kaufst mir Spiele und Spielsachen, Bücher, Kleidung. Ich bin ein verwöhntes Kind, das sagen alle.

Geld ist ein heikles Thema zwischen dir und meinem Vater, der dir Alimente überweist. Du wiederholst ständig, er würde dir zu wenig geben, er dagegen behauptet, es wäre zu viel. Es ist das Einzige, was euch noch verbindet, wie viel ich euch koste, zu wenig, zu viel. Ich bin eine Last. Ihr sprecht kaum miteinander, nur am Telefon, mit so wenigen Sätzen wie möglich, ihr trefft euch nie, tauscht mich unten im Treppenhaus aus. Ich frage mich, warum ihr ein Kind bekommen habt.

Du hast mir die Augen tiefschwarz angemalt, den Mund knallrot, und mir eines deiner geblümten Oberteile angezogen. Bowies tiefe Stimme verzehrt sich nach einem *China Girl*. Du tanzt barfuß auf dem Teppich im Wohnzimmer und fuchtelst wie eine völlig überdrehte Orchesterdirigentin mit Stäbchen in der Luft herum. Wie ein Hampelmann folge ich ihren Bewegungen.

An einem Wochenende, an dem ich nicht da bin, schneidest du dir selbst die Haare, es wird viel zu kurz. Es gefällt dir nicht. Als ich nach Hause komme, öffnest du mir die Tür mit einer braunen Perücke auf dem Kopf. Ich glaube, mich im Stockwerk geirrt zu haben. Ich erkenne dich nicht wieder.

Unter meinem Bett verstecke ich ein Tagebuch, das mit einem Schlüssel schließt. Jeden Tag schreibe ich ein paar Zeilen. Sie sind alle nur dir gewidmet.

In der Nachbarwohnung, die an mein Zimmer grenzt, wird eine Party gefeiert. Ich weigere mich, bei dem Lärm in meinem Bett zu schlafen, wenn ich am nächsten Tag früh in die Schule muss. Ich will bei dir schlafen. Du gibst nicht nach. Ich weine. Ein echtes Drama. Ein verzogenes Kind.

Der Mann, den du an diesem Abend eingeladen

hast, geht dazwischen. Er hat zu viel getrunken, er redet laut. Er ist verärgert und stellt sich auf meine Seite. Er herrscht dich an, das Sofa auszuklappen, damit ich im Wohnzimmer übernachten kann. Ich habe gewonnen. Du stellst den Couchtisch um, klappst das Sofa aus, ich gehe schlafen. Ich liege mit dem Kopf gegen die Wand, die das Wohnzimmer von deinem Zimmer trennt. Du machst das Licht aus. Ich schließe die Augen.

Kurze Zeit später dringen Geräusche zu mir herüber. Geflüster, dann Worte. Eure beiden Stimmen, ein verheddertes Knäuel auf der anderen Seite der Wand. Und dann plötzlich höre ich es. Die Schläge. Die Ohrfeigen. Die Schreie, die du unterdrückst. *Hör auf. Bitte, hör auf.* Ich höre dich. Deinen kurzen Atem, die Tränen, die du herunterschluckst. *Ich flehe dich an, hör auf.* Wenn eine Faust ein Gesicht trifft, macht das ein seltsames Geräusch. Es ist dumpf und matt zugleich. Es dringt in das Gewebe ein, schlägt gegen die Knochen, springt zurück. Es gibt kein Wort für diesen Sound, keine Lautmalerei. Es ist nicht *Buff, Bam, Bang* wie in einem Comic. Nichts von alldem. Es ist eher wie ein schwarzes Loch. Es ist plötzlich da und erdrückt. Es schlägt auf und das war's.

Daran erinnere ich mich, ein mattes Geräusch.

Ich bleibe auf dem Sofa liegen. Ich bin immer noch sauer auf dich. Ich denke: *Geschieht ihr recht. Hätte sie sich wegen der Sache mit dem Zimmer mal nicht so angestellt. Sie hat es nicht anders gewollt.* Genau das denke ich. *Geschieht ihr recht.*

Und dann, plötzlich, höre ich dich nicht mehr. Du sagst nicht *Hör auf* und auch nicht mehr *Bitte*. Du bist verstummt. Du hast aufgegeben. Die Schläge höre ich noch. Ich frage mich, wann es vorbei sein wird. Ich will nichts mehr hören. Ich ziehe mir die Decke über den Kopf, halte mir die Ohren zu, erzähle mir eine Geschichte. *Das ist alles nicht wahr. Was heute Nacht passiert, ist nicht real. Das ist ein Traum.* Die Tür zu deinem Zimmer öffnet sich. Jemand geht im Dunkeln durch das Wohnzimmer, betritt das Bad und schließt hinter sich ab. Kurz darauf schlafe ich ein.

Am nächsten Morgen ziehe ich mich an und gehe in die Küche, um zu frühstücken. Du sitzt auf einem Stuhl. Du siehst zu mir auf. Du hast kein Gesicht mehr.

Ich habe alle Schildkröten umgebracht. Irgendwann habe ich aufgehört, ihr Aquarium zu putzen und sie zu füttern. Du hast es erst bemerkt als der Gestank zu stark wurde. Du verlangst, dass ich alles sauber mache. Der Behälter mit dem modrigen Wasser, in dem sie treiben, wiegt eine Tonne. Als ich das Ganze ins Waschbecken schütte, bilde ich mir ein, dass sich eine der Schildkröten noch bewegt. Ich stopfe sie zu den anderen in die Plastiktüte und werfe sie weg.

Du nimmst mich zur Weihnachtsaufführung bei dir auf der Arbeit mit. Schon wieder Marionetten. Du errätst meine Angst, hältst meine Hand, beugst dich zu mir und flüsterst: «Ich bin da, dir kann nichts passieren, alles wird gut.»

Als ich an einem Sonntagabend von meinem Vater nach Hause komme, sagst du, ich solle meinen Pyjama anziehen und zu dir ins Wohnzimmer kommen, du hättest mir etwas mitzuteilen. Mein Bauch verkrampft sich, so etwas machst du nie, mir etwas *mitteilen*. Du legst los: «Ich habe gute Neuigkeiten.» Ich bleibe still. Du machst weiter: «Du wirst ja bald zehn und ich habe viel nachgedacht, ich habe Angst, dass du dich später langweilen wirst, also dachte ich, pass auf, du wirst lachen, ich dachte ...» Ich sage nichts, ich warte. «Ich dachte, du würdest dich freuen, wenn du einen Bruder oder eine Schwester bekommst und ... Tada!». Ich bleibe still, der Mund klappt mir auf. «Was denn, sag bloß, du freust dich nicht?! Immerhin wirst du nicht mehr alleine sein, das wird toll, zieh nicht so ein Gesicht!» Ich weiß nicht, was ich sagen soll. Du gehst in die Küche und trällerst vor dich hin, als wäre alles wie immer. Mein Gehirn läuft auf Hochtouren. Ich begreife, dass unser Leben so wie es bis jetzt war, ein Ende nimmt, dass es nie wieder nur du und ich, für immer nur uns beide geben wird, wie du es versprochen hattest. An einem Sonntagabend, gegen zwanzig Uhr, ist es mit dem Leben, das wir uns erfunden hatten, vorbei.

Ich quäle die ausgestopfte Schildkröte. Watte dringt aus ihrem Körper. Ich ziehe sie raus, bis sie ganz hohl ist. Ihre Füße lösen sich auf und sie hat ein Auge verloren. Bald ist nur noch der feste, heile Panzer übrig, der die exponierten Körperteile nicht schützen konnte.

Einen Monat vor meinem zehnten Geburtstag bekomme ich eine Schwester. Ein winziges Baby, eine Frühgeburt. Ihr Haar ist rot wie Feuer. Du gibst ihr einen Namen, den ich noch nie gehört habe, einen Namen, der mit einem «a» endet wie meiner. «Eure erste Gemeinsamkeit», freust du dich. Zehn Jahre trennen uns, du baust eine Brücke zwischen unseren Geschichten.

Ich hatte mir albern geschworen, sie nicht zu mögen, aber ihr zartgliedriger Körper, ihre langen Händchen, ihre neugierigen Augen, alles an ihr gewinne ich augenblicklich lieb. Ich lerne, sie auf dem Arm zu tragen, ihr Köpfchen zu halten, ihr das Fläschchen zu geben, ihre Windeln zu wechseln. Ich lerne dir dabei zuzusehen, wie du jemand anderem als mir Aufmerksamkeit schenkst. Gegen alle Erwartungen freue ich mich über dieses Baby. Ich freue mich, dass du noch einmal Mutter bist.

Du dagegen bist nicht wiederzuerkennen. Du hast sehr stark abgenommen, deine Jeans schlottern dir um die Beine. Du verhältst dich roboterhaft, führst Bewegungen aus, reihst Wörter aneinander. Du kümmerst dich um meine Schwester, fütterst sie, legst sie ins Bett und sprichst mit ihr, aber es wirkt, als wärst du den Rest der Zeit nie wirklich da.

Ich lasse mich in diese Stille, diese wattedichte Luft sinken. Nur das energische Schreien meiner Schwester, das regelmäßig durch die Wohnung tönt, holt uns mehr oder weniger ins Leben zurück. In diesen Momenten passiert etwas und beweist, dass es uns immer noch gibt.

Deine Beziehungen sind wie das Strohhaus der drei kleinen Schweinchen, man braucht sie nur anzupusten und schon fallen sie in sich zusammen. Wir leben nun zu dritt, das Baby, du und ich. Wir sind in ein anderes Viertel gezogen, die Wohnung ist groß, wir haben einen Balkon, einen riesigen Flur und wahnsinnig viele Kakerlaken. Man kann nicht alles haben.

Du hast schon immer über deine Verhältnisse gelebt. Für den Umzug gibst du das Geld mit vollen Händen aus. Ein Ledersofa, nagelneue Haushaltsgeräte, Teppiche und ein Doppelbett für mich. Es fehlt uns an nichts, wir sind fast schon ein bisschen *Chichi* für das Haus. Die meisten, die hier leben, sind ebenfalls alleinerziehende Mütter. Die Scheidung hat sich demokratisiert, man sieht überall nur noch Einelternfamilien. Das Kernideal hat sich gespalten.

Du kaufst dir ein neues Auto, machst neuerdings lieber Urlaub in Apartments, besuchst Zeichen-, Töpfer- und Nähkurse. Du beschaffst dir alles, was du an Material brauchst, eine Staffelei, Ölfarben, die ein

Vermögen kosten, Leinwände, eine Nähmaschine, mehrere Meter Stoff. Du lagerst alles in deinem Zimmer, «bis ich die Zeit finde», und die Zeit vergeht. Du rauchst mehrere Packungen Zigaretten am Tag. Du bist so mager, dass es unheimlich ist. Du bist dreißig Jahre alt und hast zwei Kinder.

Auf einer Kommode im Flur stapeln sich die Behördenschreiben. Du überfliegst die Umschläge, manche öffnest du, andere legst du gleichgültig wieder zurück. «Der beste Weg, um nicht zu leiden, ist etwas gar nicht erst zu wissen», sagst du mir manchmal. Also tust du, als ob du von nichts wüsstest, als ob du den Absendern dieser Schreiben nicht etwas schuldig wärst. Du gibst weiterhin Geld aus, schließt Ratenzahlungs- und Kreditvereinbarungen ab. Das schöne Leben, so tun als ob.

An einem Samstag klingelt es zu Mittag an der Tür. Es ist der Gerichtsvollzieher. Du lässt ihn nicht rein, gehst mit ihm auf den Gang. Seine polierten Schuhe auf unserer Fußmatte wirken fehl am Platz. Ich schnappe Wörter auf, *Zahlungsverzug, Zinsen, Pfändung.* Du reagierst nicht.

Am Abend bleibst du bis spät in die Nacht hinein in der Küche. Der ganze Tisch ist mit Papieren übersät. Du scheinst nachzudenken, nachzurechnen. Du hast dir einen Whisky eingeschenkt. Mir ist aufgefallen, dass du das in letzter Zeit regelmäßig tust und immer früher, sobald du von der Arbeit kommst. Als du merkst, dass ich dich von der Tür aus beobachte, bittest du mich matt, dich alleine zu lassen.

Ich erinnere mich vor allem an diese Unruhe. An dieses Gefühl, mir nie ganz sicher zu sein. Die ständige Angst, es könne etwas passieren oder im Gegenteil alles so bleiben, wie es ist. Die Unruhe nistet sich in jedes Detail. In die Stille, die immer mehr Raum einnimmt. Deine Einsamkeit, die kaum noch zu übersehen ist. Deine einförmigen Bewegungen. Die Unruhe in deinen Augen, die Unruhe in deiner zitternden Hand. Der Eindruck, permanent eine Rolle zu spielen, so zu tun, als ob alles in Ordnung wäre, während alles bröckelt, bricht, sich auflöst. Die Unruhe ist das Seil, auf dem wir balancieren, bis es irgendwann nachgeben und eine von uns abstürzen wird.

Mein Vater kündigt mir an, dass er umzieht, etwa tausend Kilometer weiter, und bietet mir an, mich mitzunehmen. Der bloße Gedanke daran versetzt mich in Panik, ich kann dich nicht verlassen. Ich lehne ab.

Du willst, dass ich «die beste Ausbildung» bekomme. Auch dafür greifst du auf Ersparnisse zurück, die du nie hattest, daher verschweige ich dir, dass ich die Privatschule hasse, in der du mich angemeldet hast, dass ich mich dort alleine fühle, anders als die ganzen Kinder aus gutem Hause, weil ich nicht zu ihrer Welt gehöre, weil wir, wie sie sagen, in einem Haus für «Sozialfälle» leben.

Einmal kürze ich den Weg von der Schule nach Hause durch den Park ab, ich habe meine Schultasche auf dem Rücken, trage eine 501, einen Pullover von Benetton. Ich habe gelernt, dass Markenkleidung wichtig ist, wenn ich sein will wie die anderen, wie die, die alles haben, also habe ich darauf bestanden, dass du mir diese überteuerten Sweatshirts kaufst, diese Jeans, bei denen man für das amerikanische Label zahlt, und irgendwann hast du nachgegeben. Ich habe also meine Schultasche auf dem Rücken und meine lateinischen Deklinationen im Kopf, *rosas rosarum rosis*. Ich laufe durch die leeren Parkanlagen der Siedlung, nehme den Weg durch den kleinen Wald. Plötzlich taucht hinter einer Hecke ein Mann auf. Er bäumt sich vor mir auf, versperrt mir den Weg. Dann reißt er mit beiden Händen seinen Regenmantel auf und streckt die Arme zur Seite. Ich *muss* hinsehen, mir bleibt nichts anderes übrig. Er sagt nichts, aber es kommt mir vor, als würde er sich über mich lustig machen und sein Lachen unter meiner Schädeldecke dröhnen. Für ein paar Sekunden, vielleicht eine Minute. Oder ein bisschen länger. Er schließt seinen Mantel wieder und verschwindet.

Für einen Augenblick bin ich wie gelähmt, unfähig, eine Regung, einen Schritt zu machen. Ich bin eine Statue, ein Marmorblock, genau das ist es, ich bin ein Stein und kann mich nicht bewegen, meine Füße sind fest im Boden verankert, wie in unsichtbare Fesseln gelegt oder durch Hände zurückgehalten. Ich fühle mich schmutzig, ich schwitze. Ich bringe keinen Ton hervor, bin nicht imstande zu schreien, nach wem überhaupt und um was zu sagen, ich bin elf Jahre alt und habe so etwas noch nie gesehen, er hat ihn mir direkt vor die Nase gehalten, genau auf meine Klein-Mädchen-Höhe, er hat seine Jacke geöffnet und war darunter ganz nackt, wie um zu sagen, *schau, schau Kleine,* dabei wollte ich nicht.

Ich mache einen Schritt und dann den nächsten und komme irgendwie nach Hause. Der Weg kommt mir endlos vor, obwohl es nur ein paar hundert Meter sind. Vielleicht hätte ich früher losgehen sollen, vielleicht habe ich zu sehr getrödelt, vielleicht wäre es besser gewesen, die andere Abkürzung zu nehmen, warum habe ich überhaupt diesen Weg genommen, um diese Uhrzeit, es ist meine Schuld, es muss meine Schuld gewesen sein. Ich zittere immer noch als ich den Fahrstuhlknopf betätige, die Türen zugehen, ich den Schlüssel aus meiner Tasche hervorkrame, die Tür öffne und sofort wieder hinter mir schließe und den Riegel vorschiebe. Ich laufe in mein Zimmer, packe meine Schulsachen aus, setze mich an die Hausaufgaben. Es wird alles wieder normal werden, es ist nichts, überhaupt nichts passiert.

Eine Stunde später kommst du nach Hause. Als ich dich sehe, breche ich sofort in Tränen aus. Ich erzähle dir, was passiert ist, die Worte sprudeln nur so aus mir heraus, der Mann mit dem Regenmantel, der Wald, sein nackter Körper, das steife Ding zwischen seinen Beinen, seine schwitzigen Hände, die lateinischen Deklinationen, die falsche Abkürzung. «Aber das war doch nur ein Exhibitionist! So ist das halt als Mädchen, das wird nicht das letzte Mal gewesen sein!»

Die Jahre verschwinden wie in einem Schwarzen Loch. An die Schule erinnere ich mich nicht. An unser Leben erinnere ich mich nicht. Von dir, von dem, was du tust, was du sagst, wie du die Tage verbringst, ist mir kaum etwas geblieben.

Hast du eine Affäre, eine heimliche Liebe, Sehnsüchte? Ich habe keine Ahnung und wir sprechen wenig miteinander. Deine Zunge löst sich nur noch spätabends wenn du etwas getrunken hast. Eine Gewohnheit, der du mittlerweile nicht mehr heimlich nachgehst, selbst wenn du die Whiskyflaschen zu den Putzmitteln unter das Spülbecken stellst. Die Abende werden qualvoll. Du weinst, erzählst mir von meinem Vater, dem Leben, das du versäumt hast, den Männern, die du zu lieben glaubtest. Von Geld sprichst du nicht mehr, du hast es in die Privatinsolvenz geschafft, ein Zahlungsplan wurde vereinbart. Wenigstens diese Angst ist damit nicht mehr ganz so unmittelbar. Du erzählst mir Geschichten, die ich nicht immer glauben will, nach eurer Scheidung hätte dir mein Vater versprochen, zurückzukommen und stattdessen eine andere geheiratet, viele deiner Männer haben dir verheimlicht, dass sie verheiratet waren, andere haben ein neues Leben begonnen, also warum schaffst du es nicht, warum du, immer nur du? Das fragst du mich und ich habe keine Antwort darauf, oder nur *es ist nicht deine Schuld,* weil ich weiß, dass es dich beruhigt, das zu hören, dass du nichts dafür kannst, es einfach nur Pech ist, das Unglück wie ein Kaugummi an deinen Sohlen klebt. Ich weiß, dass es *nicht deine Schuld* ist. Es ist spät, der Abwasch muss noch gemacht werden, meine Schwester ist schon lange im Bett, aber ich bleibe da, es ist dreiundzwanzig Uhr, Mitternacht, ich bleibe bei dir, du schläfst sowieso nicht mehr, nimmst Medikamente, die sich im Badezimmerschrank anhäufen. Manchmal lese ich die Beipackzettel, um zu wissen, was es ist, Antidepressiva, Beruhigungs- und Schlafmittel. Die Wörter prägen sich mir willkürlich ein, *Duloxetin, Serotonin, Benzodiazepine,* es sind nun keine Wörter mehr, die ich erfinde, sondern die, die du im Blut hast. Manchmal zähle ich die Tabletten in den Packungen nach, um zu prüfen, wie viele und wie oft du sie nimmst, ich zähle die Gläser, die du trinkst, die Zigaretten, die du rauchst. Ich führe Buch über deinen Verfall. Ich habe den Eindruck, alle wissen Bescheid, aber niemand will etwas sagen. Man müsste blind sein, um nichts zu merken. Im Büro werden dir immer weniger Aufgaben anvertraut. Bei den Familientreffen wagt es niemand, den Mund aufzumachen, weder deine Brüder noch deine Schwestern, auch deine Eltern nicht. Niemand hat Lust auf das Thema. Dabei kommt es immer öfter vor, dass der Alkohol dir das Gleichgewicht nimmt und du wie in der Schwebe hängst, bereit abzustürzen.

Ich wünschte, jemand würde dir helfen.

Ich wechsle aufs Gymnasium und erwache wieder zum Leben. Die anderen Schüler ähneln mir, ich finde endlich Freunde. Jeden Abend muss ich meine Schwester von der Schule abholen. Nach dem Unterricht kann ich nicht immer bei den anderen bleiben, die ins Café gehen, Tischfußball spielen und sich stundenlang unterhalten. Ich protestiere, finde es ungerecht, mich mit fünfzehn um eine Fünfjährige kümmern zu müssen, tue es aber trotzdem, eine große Rebellin bin ich nie gewesen. Mittlerweile lebe ich sowieso durchgehend bei dir, drei Jahre sind vergangen, seit mein Vater nach Südfrankreich gezogen ist, ich sehe ihn nur noch in den Ferien. Ich bin die zweite Erwachsene im Haus. Seit es zwischen dir und einem Vorgesetzten gekracht hat, wurde dir ein anderer Bereich zugeteilt, mit deinem neuen Chef ist das Verhältnis angespannt, das belastet dich, deine Tage sind lang und du kommst immer erst spät nach Hause. Daher springe ich für dich ein, hole meine Schwester in der Vorschule ab und frage sie, wie ihr Tag war, bereite ihr einen Nachmittagssnack zu, sehe mir auf dem Sofa Zeichentrickserien mit ihr an. *Heidi, Die kleine Prinzessin Sara, Maison Ikkoku.* Ich flüchte mich in dieses kleine Leben mit seinen Regeln, festen Abläufen und Routinen.

Eines Nachts stehe ich auf. In der Küche brennt noch Licht. Ich finde dich reglos am Boden liegend, ohne Bewusstsein. Ich weiß nicht, was ich tun soll. Ich richte dich so gut es geht auf, lege die Arme unter deine, du bist schwerer als ich dachte, ich packe und ziehe dich durch den langen Flur bis in dein Zimmer. Es ist ziemlich mühsam, dich bis in dein Bett zu tragen, aber es gelingt mir, dich hineinzulegen, ich ziehe dir die Schuhe aus, aber nicht die Kleidung, ich traue mich nicht, dich auszuziehen, ich decke dich zu, mache das Licht aus und gehe zurück in mein Zimmer.

Ich würde gerne verstehen, warum ich von allem, was wir zusammen erlebt haben, ausgerechnet das Schlimmste nicht vergessen kann.

Wir entfremden uns. Als hätte es die Jahre, in denen wir unzertrennlich waren, nie gegeben, oder als hätten diese in einem Paralleluniversum stattgefunden. Ich erkenne die Person, mit der ich zusammenlebe, nicht wieder. Du bist eine achtunddreißigjährige Frau, einsam und unsichtbar. Tagsüber gehst du zur Arbeit, du hast nicht mehr so viele Kollegen, die Studenten haben das Interesse an dir verloren. Abends kommst du nach Hause, bereitest Essen für deine Töchter zu, setzt dich damit vor die Serien auf M6, schläfst vor dem Hauptprogramm auf dem Sofa ein. Das Zeichnen hast du aufgegeben, ich sehe dich nie

mehr ein Buch in die Hand nehmen, wir reden über
gar nichts mehr. In letzter Zeit wiederholst du dich
oft, führst Selbstgespräche als wärst du in deiner
eigenen Dauerschleife gefangen. Ich habe Angst, du
könntest verrückt werden. Ich habe aufgehört, die
Gläser, Zigaretten und Aussetzer zu zählen. Über deinem Gesicht liegt eine Maske, die einer Frau, die so
tut, als wäre alles in Ordnung. Unser Alltag ist durch-
ritualisiert. Samstags gehen wir einkaufen, sonntags
besuchen wir deine Eltern. Ich lade nie jemanden ein,
ich schäme mich für dieses Haus, für die Kinder, die
unten im Hof herumlungern, aber vor allem schäme
ich mich für dich, zum ersten Mal, ich will nicht, dass
jemand dich kennenlernt, dass jemand dich sieht. Ich
schäme mich, so zu fühlen.

Ich bin hart wie der Panzer der Schildkröte geworden,
der in meinem Teenagerzimmer im Regal steht.

Im letzten Schuljahr schwänze ich einen Großteil des
Unterrichts. Ich gehe jedes Wochenende in Clubs. Ich
kippe ekelhaften Malibu-Ananas runter. Ich esse zu
viel, höre auf zu essen, bin von meinem Gewicht besessen. Ich rauche Zigaretten, Gras, nehme Ecstasy.
Ich gehe zu Rave-Partys in der Pariser Banlieue. Ich
steige mit Fremden ins Auto. Ich schleppe Typen ab,
die ich nicht kenne. Ich gehe Risiken ein. Meine Freiheit wird zum Abgrund, ich fühle mich von der Leere

angezogen, der Leere, die unser Leben um mich herum geschaffen hat.

Du siehst nichts, merkst nichts. «Immerhin kannst du nicht behaupten, ich würde nerven», sagst du und lachst. Mir wäre lieber, du würdest. Ich wünschte, du würdest mit mir über etwas anderes als das Fernsehprogramm und das Getratsche im Haus reden, ich wünschte, du würdest mich zurechtweisen, einmal *Nein* zu mir sagen. Ich wäre gerne wieder deine Tochter, deine Kleine, die von dir beschützt wird. Ich beginne, deine Tabletten zu schlucken. Ich wähle nach dem Zufallsprinzip, was gerade da ist. Ich nehme sie morgens, bevor ich mich auf den Schulweg mache. Ich gehe zu Fuß als wäre ich schwerelos, wie in Zeitlupe, ich taumle, völlig zugedröhnt. Ich sehne mich nach diesen Momenten des Loslassens, in denen alles sinnentleert und unwichtig scheint. Ich beginne zu denken, dass ich, wenn ich verschwinden sollte, niemandem fehlen würde. Der Tod zieht mich an. Ich schreibe es in meine Hefte. Du siehst nichts. Mein Vater weiß nichts. Hin und wieder bekommen es meine Freundinnen mit, dann stützen sie mich auf den Schultreppen, sorgen dafür, dass die Lehrer es nicht merken, wenn ich über meinem Tisch einschlafe.

Eines Morgens breche ich auf dem Schulhof zusammen. Ein Aufsichtslehrer bringt mich zur Krankenstation. Man misst meinen Puls, schimpft mit mir. Die Studienleiterin ruft dich an, informiert dich über meinen Schwächeanfall, fragt, ob du mich abholen kannst. Du antwortest, du hättest keine Zeit, zu viel Arbeit, müsstest meine Schwester abholen, ich solle den Bus nehmen, *das wird schon*. Ich verbringe den ganzen Tag auf der Krankenstation und schlafe. Um achtzehn Uhr bin ich wieder bei Sinnen und man lässt mich nach Hause gehen. Du empfängst mich mit einem breiten Lächeln: «Du bist mir so ähnlich.»

Ich verliebe mich in einen Jungen, er kommt mich zu Hause besuchen. Ich stelle ihn dir vor, du servierst ihm eine Cola, wir ziehen uns zurück. In meinem Zimmer, auf meinem Bett, küssen wir uns. Du öffnest die Tür ohne anzuklopfen. Du setzt dich an das Bettende, dabei war seine Hand gerade noch unter meinem Pullover, alles war zärtlich und ging nur uns etwas an. Du beginnst, uns einen Vortrag über Sexualität zu halten, benutzt derbe Worte, du bist mir peinlich. Du verlässt das Zimmer wieder. Mein Kopf ist hochrot angelaufen. Der Junge sagt, er müsse jetzt los, er könne nicht länger bleiben.

Nachdem er gegangen ist, schließe ich mich in meinem Zimmer ein und höre Noir Désir. Die heisere Stimme bohrt sich durch meine Brust und meine siebzehn Jahre. Ich fühle mich wie eine Gefangene in diesen vier Wänden, ich will hier nicht länger leben, aber wie soll ich dich, wie soll ich meine Schwester verlassen, wie soll das gehen, wo du doch so verletzlich bist, dein ganzes Leben wie die Enden eines Pullovers langsam ausfranst, wie soll ich den Mut dazu finden, wenn Mut bedeutet, zu gehen? *Je t'aime plus qu'un peu.* Genau das ist das Problem, ich liebe dich und ich weiß nicht, was ich tun soll. *Et il y a des chances que rien ne bouge.* Irgendetwas muss sich tun.

Ich beobachte Frauen, die alleine in Bars trinken. Ich frage mich, ob sie einsam sind, ob sie Kinder haben. Ich sehe, wie sie das Glas in der Hand halten, an den Mund führen, auf den Tresen zurückstellen. Ich warte auf den Moment, in dem das Glas zerbersten wird.

Ich bestehe knapp, aber auf Anhieb mein Abitur. Du bist die Erste, die ich aus der Telefonzelle anrufe. Ich will, dass du stolz auf mich bist und das bist du, ich höre es an deiner bewegten Stimme, höre, wie du es deinen Kollegen sagst. Deine Freude füllt mein ganzes Herz aus. Am Abend stoßen wir mit Champagner an. Anschließend bin ich mit Freunden verabredet, es findet eine Feier für die Abiturienten statt. Du fragst, ob du mitkommen kannst, ich erkläre, das gehe nicht, dass du die einzige Mutter dort wärst, es eine Party für Leute in meinem Alter ist, du verstehst es nicht. «Dann geh halt, jetzt wo du dein Abi hast, du liebst mich sowieso nicht, du hast mich nie geliebt.» Das ist nicht wahr, antworte ich, wie kannst du so etwas denken, wie kannst du so etwas glauben, *ich liebe dich* sage ich, aber das sind meine Freunde, das verstehst du doch, du warst doch auch mal so alt wie ich, hast du etwa deine Eltern zu Partys mitgenommen?

«Hau ab» ist alles, was du darauf sagst.

Die Schildkröten haben meine Träume in Beschlag genommen. Nachts krabbeln sie über meinen Rücken, an meiner Wirbelsäule entlang, schlagen ihre Krallen in meine Haut, reißen etwas von meinem Fleisch heraus und machen sich darüber her.

Ich schreibe mich ohne wirklichen Plan an der Uni ein, zerstreite mich mit meiner besten Freundin, stopfe wie besessen alles in mich hinein. Ich verbringe Stunden neben dem Kühlschrank und schlage mir den Bauch voll. Ich nehme extrem zu, wiege fast 90 Kilo. Niemand spricht mich darauf an. An der Uni komme ich schon nach kurzer Zeit nicht mehr mit. Ich flüchte mich in Lügen. Jeden Morgen tue ich, als ob ich zu den Vorlesungen gehen würde. Ich setze mich ins Treppenhaus. Nachdem du das Haus verlassen hast, warte ich noch etwa zehn Minuten, dann gehe ich zurück in die Wohnung. Ich bleibe den ganzen Tag im Bett. Ich mache nichts, rein gar nichts. Abends erfinde ich. Die Vorlesungen, die Freunde, die Ergebnisse von Prüfungen, zu denen ich nie angetreten bin. Es ist alles gelogen. Ich verstricke mich immer weiter in dieser Spirale. Ich weiß nicht, worauf ich hoffe. Dass mich jemand durchschaut, mich da rausholt. *Dass sich etwas tut.* Mein Vater ist es, der mir trotz der Distanz auf die Schliche kommt. Eines Abends rufst du mich ins Wohnzimmer und kündigst mir an: «Dein Vater kommt.»

Diese Worte aus deinem Mund.

Er steht vor unserer Wohnungstür. Zum ersten Mal sehe ich euch beide zusammen in einem Raum. Die Skurrilität dieser Szene. Er hält mir eine Standpauke, aber er ist nicht wütend, sondern besorgt. Du schweigst, senkst den Blick. Wir sind zwei kleine Mädchen, die bestraft werden. Der Augenblick verharrt, die Luft ist zum Schneiden. Sein schwerer, dein schmächtiger Körper. Mein unförmiger Körper zwischen euch. Nachdem er die Wohnung wieder verlassen hat, machst du mir keinen einzigen Vorwurf. Du gehst auf den Balkon, zündest dir eine Zigarette an und siehst in die Ferne.

Du bist immer öfter woanders mit den Gedanken, zerstreut. Langsam spricht es sich bei dir im Büro herum, du machst Fehler, vergisst manches, redest wirres Zeug. Mir graut vor den Familientreffen, ich will nicht, dass dich jemand so sieht. Ich habe das Gefühl, dass uns eine Katastrophe bevorsteht.

Jeder Tag wiegt ein ganzes Jahr.

Weil ich nicht mehr weiß, worüber ich mit dir reden soll. Weil du mir nichts mehr sagst. Weil ich das Gefühl habe, das Leben habe uns übersehen und ziehe an uns vorbei. Weil mich die Trauer, die dich umgibt, ratlos macht. Weil ich wütend bin. Weil ich mir eine andere Mutter wünsche.

Ich vereinbare einen Termin beim Psychiater. Nach den Sommerferien beginne ich, Literatur zu studieren. Ich erhalte ein Stipendium. Ich arbeite die ganzen Ferien über, um etwas Geld zur Seite zu legen. Ich lerne den Mann kennen, der später der Vater meiner Kinder wird.

Ich nehme Anlauf.

Ich blättere mich durch die Inserate und finde eine kleine, bezahlbare Wohnung. Ich kündige dir an, dass ich gehen will. Wir streiten. In dieser Nacht schreibst du mir einen Brief. Ich finde ihn am nächsten Morgen auf dem Küchentisch.

Wenn du gehst, werde ich sterben. Wenn du gehst, schwöre ich dir, dass ich eine Dummheit mache. Wenn du gehst, war es das zwischen uns. Wenn du gehst, ist das der Beweis, dass du mich nicht liebst. Wenn du gehst, hast du deinen Vater lieber. Wenn du gehst, hast du keine Ahnung, wozu ich fähig bin. Wenn du gehst, wirst du es bereuen. Wenn du gehst, wer kocht dann für dich, du kannst ja nichts. Wenn du gehst, brauchst du nicht zurückzukommen. Wenn du gehst, hast du mich auf dem Gewissen.

Ich gehe.

II.

Ich lege die Hand auf die Türklinke und warte. Auf ein Zeichen, ein Wort, eine Aufforderung. Die Pubertät hat meine Tochter an sich gerissen und mich hier festgenagelt. Innerhalb von ein paar Wochen hat sich unsere Verbundenheit aufgelöst. Ich weiß nicht mehr, wie und wo ich wieder zu ihr finden soll, wie ich sie erreichen kann. Irgendwo habe ich sie verloren, gerade war sie noch hier und dann plötzlich nicht mehr. Eines Abends hat sie sich hingelegt und am nächsten Tag war sie eine andere. Verschlossen, wie diese Tür, von innen verriegelt. Mein Kind hinter Schloss und Riegel, unerreichbar. Kein Laut dringt aus ihrem Mund. Hin und wieder ein *Ja*, ein *Nein*, ein *Lass mich*. Also lasse ich sie, ich dränge sie nicht, verlängere ihr Schweigen mit meinem Schweigen und aus all dem entsteht eine lange, nachhaltige, endlose Abwesenheit.

Dabei kenne ich sie. Kann jede einzelne ihrer Haarlocken beschreiben. Wie sie in Trauben in ihrem Nacken zusammenfallen, dieser dunkle Schatten, aus dem ihr Gesicht hervortaucht. Die Wangen schmelzen langsam dahin, die Rundungen verschwinden mit ihrer Kindheit, die ihr allmählich entgleitet, so wie sie mir entgleitet. Verunsichernde Schweigsamkeit, die Stirn in Falten gelegt, düsterer Blick. Chaos spiegelt sich in ihren Augen. Ungeduld. Wut. Angst. Sie ist kein Kind mehr, noch nicht ganz eine Frau. Muskeln zeichnen sich ab, ich errate die angespannten Wirbel unter dem etwas zu großen T-Shirt, in dem sie verschwindet. Ihre Schultern erreichen langsam meine Höhe, ich bin nicht klein, sie wird über mich hinauswachsen. Eine Sternschnuppe mit schlaksigen Beinen, langen schmalen Füßen, einer geisterhaften Silhouette. Machtlos warte ich auf der anderen Seite der Tür, auf der anderen Seite von der, die sie gerade wird und von der ich nichts weiß. In dieser plötzlichen Stille, die ich versuche hinzunehmen, bleibt mir nur eine Gewissheit. Ich bin ihre Mutter.

Weil, die Tritte ihrer Ferse gegen meinen Bauch. Weil, das zarte Miauen des kleinen, neugeborenen Kindes. Weil, das zarte Köpfchen, eine weiche Fontanelle, die erschreckend empfindlich ist. Weil, diese zehn perfekt geformten Finger und Zehen. Weil, diese halb offenen Augen, die in das grelle Licht blinzeln. Weil, ihr kleiner Mund, der sich an meine Brust presst, die sich unmittelbar spannt. Weil, dieses eindrückliche Gefühl einer plötzlichen Leere. Weil sich dieser Augenblick mit keinem anderen vergleichen lässt.

Den ersten Monat schlafe ich mit meinem Kind gegen meinen Körper und meine Brust, diesem winzigen Lebewesen, das zwischen seinem Vater und mir liegt. Ich mache kein Auge zu. Ich will nicht diese Mutter sein, bei der man schläft, diese Mutter, auf die man die ganze Nacht wartet. Schon bald lege ich das Baby in seine Wiege zurück, schiebe es von mir weg, halte mich auf Distanz.

Ich lese nur noch Elternzeitschriften und Erziehungsratgeber. Vom Schlaf über die Ernährung bis hin zum Lachen und Weinen will ich alles unter Kontrolle haben. Ich werde zur Expertin der ayurvedischen Massage, der selbstgemachten Babybreie und Kindergeschichten aller möglichen Genres. Ich will eine perfekte Mutter sein.

Schlaf, Kindlein, schlaf, Der Vater hüt die Schaf, Die Mutter schüttelt's Bäumelein, Da fällt herab ein Träumelein, Schlaf, Kindlein, Schlaf.

Ihre nachtblauen Babyaugen sind weit aufgerissen, sie blicken mich an, ich weiß nicht, ob sie mich wirklich sieht oder nur errät. Ich schaukle sie, wie ein Pendel schwingen meine Arme auf und ab. Sie ist ein Baby, das wenig schläft. Ich singe ihr vor, schaukle sie und mir scheint, dass mein Leben, meine Tage und Stunden von dieser wippenden Bewegung verschluckt werden, während ich nur einen einzigen Wunsch habe – schlafen. Schlafen und nicht mehr tragen, singen, bei jedem ihrer leisen Seufzer zusammenfahren, mit vom Milchstau geschwollenen Brüsten aufwachen, die immer und überall Flecken auf meinen Kleidern hinterlassen, sobald sie anfängt zu weinen. An erster Stelle steht nun *sie*, nicht *ich*. Ich schaukle sie bis ihre Augen endlich zufallen. Sie leistet keinen Widerstand mehr. Ihre Lider schließen sich, ich betrachte ihre langen schwarzen Wimpern, die sich wie ein Vorhang über ihren Schlaf senken. Ihr Atem geht schnell, aber regelmäßig, hin und wieder stößt sie einen kurzen Schrei aus. Endlich wird ihr Körper etwas schwerer, die Arme lösen sich von ihrer Brust, ihre Fäuste entspannen sich. Äußerst behutsam lege ich sie in ihr Bett. Sie ist aus mir herausgekommen. Sie gehört mir nicht und entfernt sich bereits von mir.

Ich habe meine Mutter verlassen, um selbst Mutter zu werden. Ich glaubte, Kinder zu bekommen, würde mir die Worte geben, um eine neue Geschichte zu schreiben. Um alles zurück auf null zu setzen, einen anderen Anfang zu erfinden, zur Matrize zu werden. Ich hatte mir vorgestellt, der so reproduzierte aber umgewandelte Lauf der Tage würde meine Existenz in neue Bahnen lenken, ich dachte, der Übergang von Tochter zu Mutter würde mir ermöglichen, einen neuen Körper zu bewohnen, eine neue Haut überzustreifen. Ich erwartete die Geburt wie eine Verwandlung.

Als meine Mutter erfuhr, dass mein erstes Kind ein Mädchen werden würde, hatte sie sich gefreut: «Wie ich, ich wusste, du würdest alles wie ich machen.»

Ich versuche, das Eisenbett abzubeizen, in dem ich als Kind geschlafen habe. Die Farbe blättert vom Gestell, löst sich in ungleichen Splittern ab. Sie löst sich wie ich mich damals von meiner Mutter, in Fetzen. Ich schrubbe das Metall mit einer Drahtbürste, aber die Farbe hat sich im Stahl festgesetzt. Es gelingt mir nicht, das Material von früher zum Vorschein zu bringen. Ich lege mich noch mehr ins Zeug, ich will alles entfernen, alles entblößen. Feilspäne übersäen den Boden. Es sind noch immer Risse zu sehen, schließlich gebe ich auf. Dieses Bett trägt mich und meine Mutter in sich, unsere beiden Körper haben hier gelegen, zwischen diesen Metallverzierungen, mit jahrelangem Abstand, am selben Ort, voneinander getrennt. In diesem Bett liegt der Geist unserer Liebe begraben.

Ich spule die Geschichte zurück. Wie in einem Super-8-Film ziehen Bilder meiner Tochter im Zeitraffer an mir vorbei, ihre kleine Hand in meiner Hand, ihre

Schnürsenkel, die ich binde, ihre Knie, die ich, wenn sie gestürzt ist, desinfiziere, die Lieder, die wir singen und ihr zartes Stimmchen, mit dem sie alternative Texte dichtet, aus ihrem Kindermund klingt es, als würde sie die Worte der Großen neu erfinden, Bilder von schwingenden Röcken, Kapuzenpullis, Schultaschen, Rucksäcken, auch vorgelesenen Büchern im Bett, es sind immer dieselben, ihre Lieblingsbücher, wieder und wieder gesehene Filme, Disney Ocelot Miyazaki, der Kaugummi im Haar und die Spuren heißer Schokolade um den Mund, der heißen Schokolade, die immer zu heiß ist, die stetig wachsende Liebe zu ihr und ihre, die ich wie eine Selbstverständlichkeit empfange.

Meine Tochter hat eine Zahnlücke, einen Glückszahn. Sie lacht viel, ein schallendes Lachen, das sich im ganzen Haus ausbreitet, an den Wänden abprallt und direkt in mein Herz schießt. Sie ist ein braves kleines Mädchen, eine fleißige Schülerin, kümmert sich um ihre kleine Schwester, von der sie keine zwei Jahre trennen, fühlt sich als Beschützerin ihres kleinen Bruders, der kurz danach kommt. Ich sehe sie an und erkenne mich selbst in ihrem Alter wieder, die Ähnlichkeiten zwischen uns scheinen mir unübersehbar.

Sie und ich haben das gleiche Muttermal auf dem inneren Oberschenkel. Vor Bildschirmen neigen wir den Kopf leicht nach links. Unsere liebste Jahreszeit ist der Herbst. Wir haben beide Sommersprossen, genau die, die ich von meiner Mutter geerbt habe. Wir können Stunden miteinander verbringen, ohne ein Wort zu sagen. Wir tragen beide ein Parfum mit Zedernholz. Wir kaufen Bücher schneller als wir sie lesen. Wir tragen die gleiche Jeansgröße. Wir können nur Brustschwimmen. Wir sehnen uns nach der Kindheit zurück. Wir tragen ihre Last.

Kinder nisten sich in unseren Bäuchen ein, in unserem Inneren, dort, wo es noch keine Worte gibt. Ich habe das mehrmals erlebt und dabei an meine eigene Mutter gedacht, mich gefragt, wie sie sich, als sie mich erwartete, unsere Beziehung vorstellte. Ich frage mich, wie wir das Band zwischen uns trennen konnten, wie die Schnur reißen konnte, obwohl ich sie so fest umklammert hatte, obwohl ich es so liebte, ihre Hand zu halten.

Meine Tochter verkleidet sich, wenn sie von der Schule nach Hause kommt. Eilig legt sie ihre Kleidung ab, den kleinen Rock, den kleinen Pullover, die kleinen Schuhe. Ich soll ihr helfen, also knüpfe ich ihre Schnürsenkel auf, ziehe an ihrer Wollstrumpfhose, schiebe den Kragen zur Seite, damit sie sich nicht wehtut, wenn sie mit dem Kopf durchschlüpft. In Unterhose und Hemdchen rennt sie in ihr Zimmer und öffnet die Truhe, um sich ein Kostüm auszusuchen. Das rosa Kleid von Dornröschen, das Blau-Gelbe von Schneewittchen, das Türkise von Aschenputtel. Das rote Kleid mit den schwarzen Punkten der Flamenco-Tänzerin. Das blassrosa Tutu der kleinen Ballettratte. Ein Schleier, Diademe, Zauberstäbe. Ich helfe ihr beim Schließen der Knöpfe und Reißverschlüsse, fixiere die Klettstreifen im Rücken. Glücklich betrachtet sie sich im Spiegel.

Als sie etwa zehn Jahre alt ist, werfe ich die Kostüme in einen Kleidercontainer. Vielleicht dachte ich, sie würde sie nicht mehr tragen, sie würden ihr nicht fehlen. Als sie es merkt, beschuldigt sie mich: «Wie konntest du einfach so meine Kindheit wegschmeißen?»

Erinnerungen hängen viel mehr an uns, als uns etwas an ihnen liegt. Sie sind in der Luft, die wir atmen, in dem Obst, das wir essen, in dem Staub, den wir unbewusst aufwirbeln. Erinnerungen haften an unserer Haut und kommen wie unsichtbare Tinte wieder zum Vorschein, wenn wir glaubten, sie schon aus dem Gedächtnis gelöscht zu haben. Sie überlagern sich und hüllen uns ein. Erinnerungen sind die Kleider, die wir tragen und deren abgenutzte Ränder sich, jedes Mal, wenn wir an ihnen ziehen, etwas mehr ausfransen. Schwer zu sagen, wo und wann der Faden abgeschnitten werden muss.

Ich hatte es gewollt, dieses Leben, mich schon immer nach ihm gesehnt, nach dieser Familie, diesem einfachen Alltag in dem alles an seinem Platz ist, in dem nichts verrückt. Ich hatte mein Ziel erreicht, ich lebte zusammen mit einem Mann, den ich liebte, hatte drei schöne und fröhliche Kinder, eine liebenswerte Schwiegerfamilie, mit der ich Weihnachtsfeste samt Bûche de Noël feierte, Freunde, mit denen wir den Urlaub verbrachten, wir hörten Rockmusik und sahen uns Filme im Original mit Untertiteln an, ich unterrichtete Literatur an einem großen Gymnasium, wir hatten ein Haus gekauft, uns mit den Nachbarn angefreundet, ich hatte sogar einen Hund, ich hatte mir schon immer einen Hund gewünscht. Mein Leben glich einem Lied von Vincent Delerm, zwischen Programmzeitschrift, France Inter und einer gut bestückten Bibliothek befand sich jeder Gegenstand genau dort, wo ich ihn haben wollte, es war alles perfekt. Keine Waffe, keine Faust, kein volltrunkener Zusammenbruch auf dem Boden. Das alles hatte ich gewollt, es mir sehnlichst gewünscht, und konnte mir daher nicht erklären, konnte nicht sagen warum, als eines Morgens plötzlich alles wie ein Kartenhaus in sich zusammenfiel.

Bei manchen Schildkröten besteht der Panzer nicht aus Knochen, sondern aus einer Art weichem Leder, das ihnen ermöglicht, zwischen die Felsspalten zu schlüpfen. Dann sieht man sie nicht mehr, perfekt getarnt entziehen sie sich neugierigen Blicken.

Papa und Mama trennen sich. Gibt es die richtigen Worte dafür? Worte, die für Kinder geeignet sind? Worte, die Sinn ergeben, wenn der Inhalt für sie unverständlich ist, einem Schock, einer Katastrophe gleichkommt? *Papa und Mama trennen sich.* Ich sage die Worte, die Worte, die Eltern in solchen Fällen sagen, *wir lieben uns nicht mehr genug, aber euch lieben wir genauso wie früher, daran ändert sich nichts, das hat nichts mit euch zu tun.* Ich sage die Worte fast emotionslos, es sind Worte, die ich wochenlang wiedergekäut habe, die ich im Mund behalten habe, bis mir übel wurde. *Papa und Mama trennen sich.* Dieser Moment lässt sich nicht in Worte fassen. Dieser Moment rüttelt an unserem Gerüst, verklemmt sich in unserem Räderwerk und zerstört unsere Mechanik. Alles fliegt auseinander, zerplatzt, landet verstreut auf dem Boden. *Papa und Mama trennen sich.* Diese nackte Wahrheit aussprechen. Die Liebe hält nicht ewig.

Manche Tiere streifen nach mehreren Häutungen ihren Panzer ab. Die unbewohnte Haut nennt sich Exuvie. Ich beneide sie, einfach so ihre Vergangenheit hinter sich lassen zu können.

Als ich meiner Mutter von der Trennung erzähle, findet sie die richtigen Worte. Die immer gleichen Sätze legen sich in ihren Mund. *Du willst ein Scheißleben, du kriegst ein Scheißleben. Glaub nicht, dass du dich*

später bei mir ausheulen kannst. Am Ende wirst du ganz
alleine sein.

Ein großes Wohnzimmer mit weißen Wänden. Ungarisches Fischgrätparkett mit ein paar lockeren Dielen. Eine Bibliothek, die zwei Drittel des Raums einnimmt. Ein Schreibtisch mit einem aufgeklappten Laptop, ein Textentwurf auf dem Monitor. Ein Plattenspieler und eine Marshall Box. Platten von Portishead, Sonic Youth, Cat Power. Ein blaues Sofa im Stil der 30er Jahre. Eine Reihe von Bildern, vor allem schwarz-weiß. Ein Stapel Kunstbücher auf dem Boden. Die Gesamtausgaben von Annie Ernaux und Sophie Calle. Keine Spur von einem Tier. Secondhand-Möbel, ein kleiner Schulschreibtisch, Sessel aus dem Familienbesitz. Haufenweise Mäntel, die sich im Treppenaufgang türmen. Ein Haus also, mit mehreren Stockwerken. In der Küche steht ein Tisch mit einer roten Formica-Platte auf den Kacheln. Fotostreifen von Kindern und Freunden, die mit Magneten am Kühlschrank befestigt sind. Ein Bialetti Espressokocher. Viele, nicht zueinander passende Weingläser. Eine alte Kommode, auf der ein Haufen Papierkram darauf wartet, geordnet zu werden. Abgebrannte Streifen Papier d'Arménie in einer kleinen Keramikschale. Eine sich immerzu drehende Waschmaschine im Bad. *Féminité du Bois* von Serge Lutens auf dem Waschbeckenschrank. Vier Zahnbürsten, die sich in einem rosa geblümten Becher drängen.

Licht, das selbst im Winter durch die Glaswand fällt. Die Kulisse meiner neuen Existenz.

Die Eier werden bei Einbruch der Nacht im Sand vergraben, bei Ebbe und schwacher Brandung. Das Weibchen hat ein Loch geschaufelt und jedes einzelne Ei eingebuddelt, um es vor den Blicken der Raubtiere zu schützen. Wie von Zauberhand schlüpfen die Kleinen zwei Monate später alle zur gleichen Zeit. Intuitiv machen sich die Neugeborenen auf den Weg ins Meer. Es ist ein wildes Rennen, sie müssen sich beeilen, sie sind allein, zerbrechlich und schutzlos den Vögeln ausgeliefert, die sich auf sie stürzen. In der Regel ist es ein Massaker. Man schätzt, dass nur eines von tausend überlebt.

Seit ich wieder alleine lebe, ruft meine Mutter mit der Regelmäßigkeit eines Uhrwerks bei mir an. Ich weiß nicht, ob ich mich darüber freuen soll. Mittwochs besuche ich sie mit den Kindern bei ihrer Arbeit. Auf ihrem Schreibtisch stehen prominent Fotos von ihnen, ein Bild von meiner Schwester, eines von mir. Ich ahne, wie stolz sie ist, uns hier auszustellen, ich habe das Gefühl, es nicht verdient zu haben.

Wenn die Kinder nicht da sind, wache ich häufig vor Ende der Nacht auf, der Nacht, in der die Erschöpfung, die mich nicht loslässt, begraben liegt. Die Erschöpfung der Nächte in denen ich mich frage, was meinem Leben *wirklich* Sinn gibt. Die Arbeit, die Kinder, meine Eltern, von denen ich mich entfremdet habe, die Liebe, die ich nicht mehr empfinde, der Alltagstrott, der trotz allem seinen Lauf nimmt. Ich drücke automatisch den Wecker auf meinem Handy weg. Verkrieche mich. Ziehe die Bettdecke noch etwas weiter über die Schultern. Licht dringt durch die Spalten der Fensterläden und wirft zittrige Muster an die Wand. Etwas Schönes verbirgt sich darin, etwas, das ich erahne, aber nicht erreichen kann. Ich hätte nichts dagegen, zugedeckt, gewärmt und geschützt in diesem Bett liegen zu bleiben, hätte nichts dagegen, einfach hierzubleiben und für mehrere Stunden einfach nur zu warten. Beim zweiten Klingeln lasse ich die Stimmen der Sieben-Uhr-Nachrichten in den Raum und mich wieder ins Leben zurückrufen. Jeden Morgen das Gleiche. In der Küche fülle ich den italienischen Espressokocher bis zum Rand voll und stelle ihn auf den Herd. Ich esse nichts, habe sowieso kaum Hunger. Der Kaffee verbrennt mir die Zunge während sich die Tagesmeldungen aneinanderreihen. Ich nehme die Tasse mit ins Badezimmer. Duschen, etwas Make-up, mich präsentabel machen. Ich ziehe an, was gerade herumliegt. Jeans, einen schwarzen Pullover, Boots. Ich sehe aus wie jede zweite Frau in den öffentlichen Verkehrsmitteln. Die gleichen schulterlangen Haare, die lackierten Fingernägel, die gleiche Art blumiges Parfum. Die binomischen Formeln der Weiblichkeit.

Manchmal würde ich gerne einen Tausch machen. Ich würde in eine andere Haut schlüpfen, in einem anderen Bett schlafen, andere Dinge essen, sie anders zubereiten, mich mit anderen Leuten unterhalten, andere Bücher lesen, meine Gewohnheiten auswechseln. Vielleicht würden mir solche Tage gefallen, Tage, die ich ausfüllen könnte, ohne ich selbst zu sein. Tage ohne jeglichen Zweifel, Tage, die wieder Lust aufs Leben machen. Ich öffne die Haustür. Die frische Luft, der graue Gehsteig, der Straßenlärm. Das Leben. Diese unaufhörliche Bewegung, von der man wohl oder übel Teil ist.

Ich spaziere wahllos durch die Straßen der Stadt. Ich habe nie einen Plan, ein Ziel, schlendere einfach umher. Ich betrete ein Geschäft, kaufe den neuesten Modiano und Strumpfhosen. Ich trinke ein Glas Weißwein in einem Café und lausche stumm den Gesprächen am Tresen. Ich gehe alleine ins Kino, der Film handelt von einer Frau, die Bilanz ihres Liebeslebens zieht. Ich höre die Schauspielerin sagen *Ich glaube an notwendige Geister,* die Worte hallen noch lange nach dem Abspann in mir nach. Ich lasse einen Pullover auf dem Sessel liegen, den ich später nicht wiederfinden werde. Ich laufe durch die mittlerweile dunklen Straßen, die Kinder sind bei ihrem Vater, diese Woche ist er an der Reihe. Ich denke an mein früheres Leben, an mein jetziges Leben, denke an alles, was dazu geführt hat, dass ich heute hier bin.

Ist es das, worauf es am Ende ankommt? Was bleibt, wenn alles verschwunden ist? Ist es die Summe von allem, was wir verloren haben? Oder das, was noch nicht eingetreten ist, das, worauf wir warten?

Ich habe den Eindruck, dass alles in mir darum kreist, das Verschwinden, die Abwesenheit. *Notwendige Geister.* Ab diesem Moment beginne ich zu schreiben. Ich will eine Spur hinterlassen von dem, was nie da war.

Auf der Arbeit hat eine meiner Kolleginnen einen Schuhkarton im Aufenthaltsraum abgestellt. Neugierig öffne ich ihn. Eine kleine Schildkröte liegt darin auf einem Grasbett. Die Kollegin fragt, ob ich eine haben möchte, sie hätte mehrere abzugeben. Panik erfasst mich bei dem Gedanken, sie mit nach Hause zu nehmen.

Ich verliebe mich in einen Mann. Er ist nicht zärtlich, nicht aufmerksam, nicht treu. Ich weiß nicht, was ich an ihm finde. In einem Moment brennt er, im nächsten ist er eiskalt. Seine Stimmungsschwankungen stoßen mich ab und ziehen mich zugleich an. Seine Entschuldigungen und seine Versprechen sind stärker als meine Verlustängste. Ich schaffe es nie zu sagen, dass ich genug habe, ich weiß nicht, warum ich mich auf eine solche Beziehung einlasse, eine Beziehung, die nirgendwohin führt, aber die ich, wie mir scheint, unmöglich beenden kann.

Es heißt, dass wir in jeder Beziehung unsere Mutter suchen.

Meine Kinder sind ohne Vorwarnung plötzlich groß geworden. Das Spielzeug wurde verschenkt, die Kuscheltiere vernachlässigt. Sie haben nun Handys, Rucksäcke und Sneaker derselben Marke wie meine. Sie lassen Freunde bei sich übernachten, ziehen ohne mich durch die Stadt, hören Musik, die ich nicht kenne. Von heute auf morgen sind ihre kindlichen Züge erwachsener und meine älter geworden.

Zehn Tipps, wie Sie Ihrem Kind richtig zuhören, Porträt der modernen Mutter, Schluss mit Mental Load, Wie Sie Teenager besser verstehen, Die positive Erziehung, Wie Sie mit Ihrem Kind wieder ins Gespräch kommen, Die perfekte Mutter gibt es nicht.
Alles gelesen, nichts geholfen.

Meine Tochter knallt die Türen zu. Wahrscheinlich ist es das, was mir als Erstes auffällt. Sie knallt die Türen zu, schließt sie nicht mehr behutsam, lehnt sie nicht mehr an. Knall. Es ist nicht mehr wie früher. Gnadenlos schließt sie sich ein. Knall. Alles wird dumpf, neblig, schwer. Sie ist für nichts und niemanden mehr da. Sie knallt die Türen zu, und ich bleibe draußen mit hängenden Armen und leerem Herzen. Manchmal bleibe ich hinter der verschlossenen Tür und warte. Lange. Wie laut ihr Schweigen ist, so laut, dass ich wie betäubt von ihm bin.

Sie ist verliebt gewesen. Ich weiß es, weil ich sie gesehen habe, zufällig, als ich in der Nähe ihrer Schule spazieren ging. Sie saßen da, eine Gruppe von Leuten auf den Bänken einer Parkanlage. Unauffällig habe ich sie für einen Moment beobachtet, wie damals, als meine Kinder noch klein waren und ich mich hinter ihrer Tür versteckte. Ich liebte es heimlich ihre Welt zu betreten, den Geschichten zu lauschen, die nur sie allein kannten und streckte die Minuten endlos in die Länge ehe ich aus meinem Versteck hervorkam. Doch während diese warmen Erinnerungen in mir aufsteigen, fällt es mir schwer im Gesicht meiner Tochter noch Spuren dieser Kindheit zu finden. Als würde ich eine Fremde beobachten, sehe ich wie sie die Hand eines Jungen hält, ihn mit ihren großen Augen ansieht und ihre Wange an seine schmiegt. Ich sehe eine junge Frau, den Arm über eine Schulter, das Lächeln auf einen Mund gelegt. Ich umgehe den Park durch eine Gasse, sie darf mich auf keinen Fall bemerken, sie wäre wütend, mich hier zu sehen.

War ich ihr manchmal peinlich? Hat sie sich über meine gescheiterten Kochversuche lustig gemacht, über meinen miserablen Akzent, wenn ich Englisch spreche, meine modischen Fehlgriffe? Hat sie mich schon einmal dumm gefunden? Hat sie je gehofft, dass sie nicht meine Nase, meine Brüste, meine Knie bekommt? Hat sie sich geärgert, weil ich keine Antworten auf ihre Fragen habe, ihr zu viele stelle? Hat sie mich arrogant gefunden, als ich glaubte, ich müsse ihr große Vorträge über das Leben halten? Hat sie mich schon einmal feige gefunden? Wirft sie mir vor, nicht zärtlich genug gewesen zu sein? Habe ich sie auf irgendeine Weise enttäuscht? Hat sie schon einmal gedacht, ihre Mutter sei nicht besser als andere Mütter? Gab es Momente, in denen sie sich gefragt hat, ob sie mich liebt?

Ich erhalte eine Nachricht von ihrer Schule. *Bitte holen Sie Ihre Tochter ab, sie ist auf der Krankenstation, es ist dringend.* Ein Angstanfall. Ich bin so schnell wie möglich dort, bringe sie nach Hause, wo sie für lange Stunden liegen bleibt. Danach folgt ein Anfall dem nächsten, in immer kürzeren Abständen. Sie bekommt keine Luft mehr, findet nicht zu ihrem Atem zurück. Es passiert ihr zu jeder Uhrzeit, vor allem morgens, wenn sie aufwacht. Manchmal kann sie nicht aufstehen, ihr Körper trägt sie nicht, sie kann sich unmöglich auf den Beinen halten. Nachts schläft sie schlecht oder gar nicht mehr. Sie übergibt sich, isst auf anarchische

Weise, nimmt zu. Sie hat ihre ersten Panikattacken. Alles fällt ihr schwer. Mit uns zu reden, sich mit anderen in einem Raum aufzuhalten, mit uns zu essen. Menschenmengen beklemmen sie. Sie benutzt keine öffentlichen Verkehrsmittel mehr, will nicht mehr in die Innenstadt und auch nicht einkaufen gehen. Mit großen Anstrengungen schafft sie es, ihren Zustand in der Schule zu verbergen. Ihre Freundinnen wissen von nichts, ihre Lehrer auch nicht. Man soll sie *normal* finden, niemand soll denken, sie hätte *ein Problem*. Sie spielt ihre Rolle unglaublich gut, es dauert eine ganze Weile, bis irgendjemand etwas merkt.

Das Wörterbuch beschreibt ein *Déjà-vu* als Erinnerungstäuschung, durch die der plötzliche Eindruck erweckt wird, ein gegenwärtiges Erlebnis in gleicher Weise schon einmal erlebt zu haben.
Ich habe das alles schon einmal erlebt.

Weil die Fäden meiner Kindheit eng mit der meiner Tochter verwoben sind. Weil die Türen, die ich so oft selbst zugeschlagen habe, mir nun ins Gesicht fliegen. Weil ich denke, das Gleiche wie sie durchgemacht zu haben. Weil wir keine Worte mehr finden, um miteinander zu reden. Weil uns Luft zum Atmen fehlt. Weil die Tochter in mir nicht weiß, wie sie Mutter sein soll.

Die Tränen kommen unvermittelt, in heftigen Wellen strömen sie aus ihr heraus, überwältigen sie, erschüttern mich. Ich streiche ihr übers Haar, drücke sie an mich, sage, *das wird schon*, was man halt so sagt, wenn man es nicht weiß, *das wird schon*. Sie lässt sich von mir in den Arm nehmen, ihren bebenden, zuckenden Körper halten. Langsam beruhigt sich ihr Atem wieder. Ihr Puls senkt sich. Sie sagt, sie weiß nicht, was mit ihr los ist, sie will, dass alles wieder so wird wie früher.

Die kleine Schildkröte, die es unversehrt bis zum Ozean geschafft hat, blickt zurück, um ihre Schwestern zu rufen. Niemand ist hinter ihr. Ihre Mutter, die sie wiederzusehen glaubte, ist nicht da. Traurig taucht sie in die dunklen Gewässer ab.

Meine Mutter ruft meistens am Donnerstag an. *Ich bin's, Mama.* Ich merke sofort, wenn etwas nicht stimmt. Alles hängt von ihrer Stimme, ihrem Tonfall, ihrem Sprechtempo ab. Wie ein akustisches Barometer. Ich irre mich selten. Sie sagt fast immer das Gleiche.

Ich bin's, Mama. Wie geht's? Nein, mir geht's nicht gut, wie soll's mir schon gehen ... Aber dir ist das ja egal. Ich hab immer alles für dich getan, ich hab mein ganzes Leben für dich geopfert, ist dir das wenigstens klar? Ich konnte nie neu anfangen, weil ich mich ständig um dich kümmern musste ...

Willst du mir ernsthaft erklären, wie eine gute Mutter zu sein hat?! Nur weil du Kinder hast, macht dich das nicht schlauer, immer glaubst du, über alles Bescheid zu wissen, du bist genau wie dein Vater, eitel, hochnäsig und hältst dich für was Besseres. Wie meinst du das, ich soll mir Hilfe suchen? Ich hab kein Problem, ich hab's unter Kontrolle, ich kann jederzeit aufhören. Für wen hältst du dich?! Für meine Mutter?! Ich bin nicht krank! Ja, genau, leg auf, ich sag doch, ich bin dir egal! Ich liebe dich, ich hab alles für dich getan und das ist der Dank dafür?! Ich hasse dich, hörst du, ich hasse dich.

Sie legt auf. Ich weiß, dass sie sich am nächsten Tag an nichts erinnern wird. Sie hält es ein oder zwei Wochen aus, dann ruft sie wieder an und das ganze geht von vorne los. Der gleiche Monolog. Unermüdlich. Ich sollte nicht mehr abheben, wenn mir ihre Nummer angezeigt wird. Aber ich hebe trotzdem ab. Sie ist meine Mutter.

Irgendwann werde ich verstehen, was uns entzweit hat. Jede von uns in ihrem Gehäuse. Zwei Panzer, die aneinanderstoßen und verhindern, dass wir uns zu nahe kommen.

Des fois on sait pas bien ce qui se passe. Dieses Lied von Souchon im Auto. Der kaum wahrnehmbare Moment, in dem es kippt. Um uns herum dreht sich die Welt in schwindelerregendem Tempo weiter. Die Bäume

zeigen ihr neues Gewand, die Vögel zwitschern auf-
geregt, das Leben pulsiert. Vor der roten Ampel bricht
ein Streit aus, ein Fahrradfahrer wird fast überfah-
ren, Zusteller parken in zweiter Reihe. Die Titelseiten
der Zeitungen informieren über das neue Arbeits-
gesetz, den Dschungel von Calais, justizpolitische
Angelegenheiten. Der Trubel des alltäglichen Lebens.
Und mein kleiner Sohn auf dem Rücksitz, der fragt:
«Wieso weint meine Schwester?»

Depression. *Pathologischer Zustand, der von einem Gefühl der Traurigkeit, Antriebslosigkeit und einem vermin-
derten Selbstwertgefühl geprägt ist.* Das Wort ist aus-
gesprochen. Ich höre es, lehne es ab. Ich informiere
mich, schlage Definitionen nach, liste Symptome auf.

Aus dem Fenster meines Zimmers betrachte ich die
Lichter der Stadt. Wie viele Menschen sind heute
Abend auch alleine? Wie viele sind alleine in dieser
Straße, diesen Häusern, in diesem Gebäude? So viele
erleuchtete Fenster und so viele einsame Leben. Groß-
städte sind die Adern, in denen sich unsere parallelen
Existenzen verlaufen. Es lebe Souchons ultramoderne
Einsamkeit.

Meine Mutter wohnt auf der anderen Seite der
Stadt. Es ist nicht weit, aber wir sehen uns selten, ich
behaupte, ich hätte keine Zeit, aber das ist nicht wahr.
Ich denke an sie und sage es ihr nicht. Ob sie auch aus

dem Fenster sieht? Hat sie das Radio, den Fernseher an? Wie verbringt sie die Zeit in ihrer Wohnung? Was hat sie zu Abend gegessen? Hat sie etwas getrunken? Ist sie schon ins Bett gegangen? Schläft sie? Wovon träumt sie? Hat sie überhaupt noch Träume, Sehnsüchte? Nichts davon frage ich sie.

Es kommt also vor, dass eine solche Liebe vergeht, die maßlose Liebe, die ich als Kind für sie empfand. Diese Liebe vergeht und man gewöhnt sich an ihre Abwesenheit, die sogar wohltuend sein kann. Eines Tages ist das alles weg, die Sorgen, die Angst, die Scham, die Reue, der Duft einer Haut und sogar der Klang einer Stimme, eines Tages weiß man nicht mehr, wohin das alles verschwunden ist. Der Mangel an Liebe wie auch alles andere, die Warterei vor der Schule abends, die Beklemmung, wenn sie morgens nicht da war, die Wut, sie in solchem Zustand zu sehen, eines Tages verblasst das alles und wird erträglicher, man verdrängt, man vergisst, so ist das nun mal. Das Leben ist insofern überraschend, als wir uns mit dem, was uns fehlt, arrangieren können. Ich habe eine Mutter, aber oft tue ich so, als hätte ich keine.

Ich fahre für ein Wochenende alleine mit meiner Tochter weg. Wir steigen in den Zug Richtung Meer, mit einer einzigen Tasche als Gepäck für uns beide. Gegen Mittag erreichen wir Le Tréport und setzen uns in ein Lokal, sie möchte Moules-frites. Es ist Frühling, aber kalt, der Wind fegt uns ins Gesicht und ich stelle den Kragen meiner Jacke auf. Ihre Nase läuft, sie schnäuzt sich in den Ärmel und ich schimpfe mit ihr als wäre sie noch ein kleines Mädchen. Sie ist eingeschnappt, sagt: «Ich bin kein Kind mehr». Sie ist kein Kind mehr, aber ich bin immer noch ihre Mutter. Wir laufen zwei Tage an der Küste entlang, über den Kies bei Ebbe, an den Stegen vorbei, beobachten die Boote, die in den Hafen einfahren, die Fischer ihren Fang auslegen, die frischen, noch lebenden Fische, die hastig nach Luft schnappen ehe sie sterben, sie findet das eklig, diese glitschigen, sich windenden Körper, ihre leeren Augen, ihre Hoffnung, es möglichst bald hinter sich zu haben. Wir übernachten in einem kleinen Hotel, zwei zusammengerückte Einzelbetten, die sie auseinanderschieben will, dann dreht sie sich zur Wand und schläft ein. Nachts lausche ich ihrem Atem, wie damals als sie noch ein Baby und von mir abhängig war. Am nächsten Morgen sehen wir einer Gruppe kälteresistenter Stammgäste beim Baden zu. Das Meer hat gerade mal 14 Grad. Wir beobachten, wie die Körper in das kalte Wasser eintauchen, es sind junge wie ältere Leute dabei, die Stimmung ist ausgelassen, es wird herumgeschrien, angefeuert, gelacht. Wir essen Waffeln, Schokoladensoße läuft ihr über das Kinn. Ich will ein Foto von ihr machen, sie weigert sich. Ich mache Versuche, die alle nicht funktionieren. Wir gehen auf der Strandpromenade spazieren, unsere Blicke sind auf die Flut gerichtet, die im abnehmenden Licht zurückgeht, und plötzlich sagt sie die Worte, die ich nicht zu hoffen gewagt hatte: «Es ist schön, hier zu sein.» Auf der Rückfahrt schläft sie ein. Auf der anderen Seite der Scheibe, an der sie lehnt, zieht die Landschaft vorbei. Zwei Welten überschneiden sich, die Welt ihres besänftigten, endlich zur Ruhe gekommenen Gesichts, und die reale Welt, die bewegt, bewohnt, unbeständig ist. Zwei Rahmen, die sich gegenseitig umfassen, zwei Landschaften, ein einziger Augenblick. Ein Gemälde von Magritte, ein Fenster, auf einen mir unbekannten Ort geöffnet. Wir kommen nach Hause und sie schließt sich in ihrem Zimmer ein. Es wird wieder still. Und der Hauch von Normalität, den die letzten zwei Tage versprühten, verfliegt sogleich wieder.

Meine Mutter geht langsam, mit ganz kleinen Schritten. Sie findet die Straßen zu glatt, will bei Regen die Wohnung nicht mehr verlassen. Sie geht nicht mehr zum Supermarkt, «zu viel los», kauft nur noch bei den Einzelhändlern in ihrer Nachbarschaft, «die reden wenigstens mit mir.» Sie kommt mich kaum noch besuchen, zu kompliziert, zu weit weg, zu riskant, das Auto zu nehmen, «ich sehe nichts mehr». Sie lässt sich am grauen Star operieren. Nach der Operation hole ich sie ab, um sie nach Hause zu fahren. Im Radio wird ein Lied von Aznavour gespielt, *Hier encore*. Im Auto wechseln wir kaum ein Wort. Sie sagt, dass sie wahrscheinlich bald sterben wird, dass diese Operation der Anfang vom Ende sei. Ich sage nichts.

Sie erzählt immer wieder die gleichen Geschichten. Wiederholt sich mehrmals in ein und demselben Gespräch. Wenn ihr Gehirn sie auf Irrwege führt, sodass sie, ohne es zu bemerken, exakt das Gleiche noch einmal sagt, würde ich sie am liebsten schütteln, an den Schultern packen, sie anschreien. Stattdessen schweige ich, lasse sie die gleichen Dinge noch mal erzählen, tue so, als ob ich sie zum ersten Mal hörte. Unsere Gespräche sind öde wie Brachland, alles ist fahl und deprimierend. Ihre Sprache hat sich verändert. Sie ist nicht mehr die einer klugen und gebildeten Frau, sondern die eines Kindes. Sie sagt Dinge wie «dein Papa ist böse», «ich hab Angst, wenn es dunkel ist», «du bist gemein», «ich liebe dich mehr». Wir sind in meiner Küche, ich werde bald vierzig, meine Kinder sind in der Pubertät und meine Mutter spricht wie ein kleines Mädchen mit mir. Ich verliere die Geduld, verbessere sie. Ich sage «mein Vater», «du brauchst keine Angst zu haben», «du hast recht, ich bin tatsächlich nicht nett». Es ist sinnlos, sogar grausam von mir, ich weiß nicht, warum ich das tue, ihre Wörter korrigieren. Ich bin hart. Ich würde sie gerne bewundern und es gelingt mir nicht mehr, ich würde gerne zu der Frau von früher zurückfinden. Aber diese Frau gibt es nicht mehr. Vor mir steht eine Person, die keine Worte mehr findet. Vor mir steht ein verlorenes Kind.

Sie zittert. Ihre Bewegungen sind schwerfällig geworden. Nicht immer schafft sie es, sich ein Glas Wasser einzuschenken, mit unsicherer Hand greift sie nach der Karaffe, verschüttet ein wenig. Sie verbringt viel Zeit damit, Zigaretten zu drehen, sie kauft keine Päckchen mehr, der Tabak ist zu teuer geworden, aber alles entgleitet ihren zögerlichen Fingern, also kauft sie sich eine Maschine, die sie an ihrer Stelle dreht, «um Zeit zu sparen».

Sie nimmt viele Medikamente. Sie hat Durchblutungsstörungen, ihre Arterien sind verstopft, sie verliert das Gehör, den Geruchssinn, sie ist sehr müde, «aber immerhin kein Krebs, siehst du!» versucht sie, zu scherzen. Mir ist nicht nach Scherzen zumute. Vielleicht würde eine Diagnose sie aufwecken. Bei Therapeuten bricht sie immer nach der dritten Sitzung ab, «die verstehen mich nicht». Sie isst wenig, hat nichts auf den Rippen, aber ihr Gesicht ist aufgedunsen, als hätte es sein Volumen verdoppelt. Ihre Beine werden immer dürrer, sie ist stolz auf ihre Größe 32.

Als sie ihre Mutter verliert, erreicht ihre Regression den Höhepunkt. Sie ruft nun praktisch täglich an und sagt: «Ich will meine Mama, warum ist meine Mama tot?» Ich antworte, so sei nun mal der Lauf der Dinge, unsere Eltern würden vor uns gehen. Meine Mutter verwindet es nicht, sie geht unter. Als kurz darauf ihr Vater stirbt, kann ich nichts mehr für sie tun. Ihr Zustand wird sich nicht mehr bessern, sie sinkt in sich zusammen. Sie ist keine sechzig Jahre alt.

Als wir mal wieder am Telefon streiten, sagt sie, sie wünschte, ihr erstes Kind hätte überlebt und ich wäre nie zur Welt gekommen, ich würde für immer nur ein Ersatzkind bleiben.

Der Panzer der Schildkröten kann aus Knochen, Knorpeln, Hornplatten oder sogar aus Leder bestehen. Die Wirbelsäule ist mit diesem Panzer verwachsen, durch Blutgefäße mit ihm verbunden. Der Panzer ist ein lebendes Organ. Ohne ihn kann das Tier nicht überleben.

Das Tagebuch meiner Tochter liegt da, direkt vor meiner Nase. Ich blättere es durch, als ich es eines Abends nicht mehr aushalte, nicht zu verstehen. Aber ich finde nichts. Sie nennt keinen einzigen Grund, erwähnt keinen Schmerz. Es geht nicht um jugendlichen Liebeskummer, die Trennung ihrer Eltern, den Leistungsabfall in der Schule oder die Unzufriedenheit mit ihrem Körper. Ich stolpere über einen Satz, der an mehreren Stellen auftaucht. *Wenn ich verschwinde, würde ich niemandem fehlen.* Die Worte, die ich in ihrem Alter geschrieben habe. Monochrome Farbpalette identischen Leids. Dabei sind es weder dieselben Schauplätze noch dieselben Darsteller. Ich bin nicht meine Mutter und meine Tochter ist nicht ich. Am liebsten würde ich den Spiegel in ihrem Zimmer mit der Faust durchschlagen, die Geister auf der anderen Seite packen und ihnen den Hals umdrehen. Ich lege das Heft dorthin zurück, wo ich es gefunden habe, auf den Nachttisch.

Wo habe ich versagt? Welche Zeichen habe ich übersehen? Sind denn all unsere Bemühungen, aufzulösen was war, vergeblich? Steht irgendwo geschrieben, dass die Geschichte immer die Gleiche sein muss?

Meine Wimperntusche ist auf dem Kopfkissen zerlaufen. Sie hat pechschwarze Spuren hinterlassen, eine laufende Kummerfährte. Ich würde ihr gerne gestehen, dass ich manchmal, in ihrer Abwesenheit, in ihrem Bett schlafe. Ich rieche an der Bettwäsche, will sie nicht waschen, denn sie hätte nicht mehr ihren Duft und ich würde sie noch mehr verlieren, aber das kann ich mir nicht erlauben, ich will alles von ihr bewahren. Ich würde gerne eine Strähne ihrer Haare, ein paar Quadratzentimeter ihrer Haut, eine Aufnahme ihrer Stimme, eine Probe ihres Lachens versiegeln. Ich weiß nicht, wie ich die Liebe bewahren kann. Durch die geschriebenen Wörter finden wir nicht zu ihrer Stimme zurück, durch die unbewegten Bilder auf dem Fotopapier werden wir nie zu dem Atem, der Intensität des Moments zurückfinden. Die Liebe wird nie gänzlich von der Linse eingefangen, sie bleibt verschwommen, unbestimmt, flüchtig. Wann immer wir versuchen, einen Moment des Glücks einzufangen, ist es schon zu spät. Der Augenblick ist unbemerkt an uns vorbeigezogen. Von meiner Tochter möchte ich alles bewahren, dabei gehört mir nichts. Von den Menschen, die wir lieben, besitzen wir nichts.

Der Spezialist gesteht seine Ratlosigkeit. Sie wird eine Behandlung brauchen. Mein Kind unter Antidepressiva. Ich sehe mich im selben Alter mit den Tabletten meiner Mutter herumexperimentieren. Welcher Mythos wird hier neu aufgeführt? Nichts hat mehr Sinn und doch ergibt alles Sinn. Der Arzt lächelt meiner Tochter zu, schüttelt mir die Hand, «bis nächste Woche», er reicht mir das Rezept und ruft das nächste Kind herein.

Im Auto schalte ich das Radio an, es läuft dieses Lied, das ich so liebe. Ich erinnere mich an den Text, summe mit, ich hatte ihn im Spanischunterricht gelernt, ich muss etwa sechzehn gewesen sein, wie sie, die neben mir sitzt und schweigt, während die Frage wie ein Flummi zwischen uns auf und ab springt, *porque te vas, porque te vas.*

Man gebe mir einen nächtlichen Sturm, man drehe meine Lebensuhr ein paar Monate zurück, man gebe mir dieses Glück wieder. Wenn es nachts stürmte, wurde meine große Tochter wieder zum Kind und fragte, ob sie bei mir bleiben könne, bis es vorbei wäre. Ja, natürlich kannst du, leg dich hin, ich komme gleich, aber nimm nicht den ganzen Platz weg, lass den Regen gegen die Scheibe schlagen, ich weiß, dass es das ist, was dir Angst macht, das Geräusch, wenn der Regen gegen die Scheibe schlägt, der Rhythmus mit dem die Tropfen einer nach dem anderen laut, viel zu laut am Dachfenster zerschellen. In meinem Bett schläft sie, an mich geschmiegt, endlich ein. Ich wache über ihren Schlaf, spitze die Ohren, zähle die Sekunden, Minuten und Stunden, der Morgen scheint in weiter Ferne. In meinem Bett ist sie noch meine Kleine, aber ich will nicht bei ihr schlafen, ich wehre mich gegen die Geschichte von vorher. Aber wenn sie Angst hat darf ich, wenn sie Angst hat ist es erlaubt, wenn sie mich als ihre Mutter auserkoren hat, um nachts bei Sturm auf sie aufzupassen, dann werde ich sie auch beschützen, ich werde über ihren Schlaf wachen und werde selbst nicht schlafen, ich werde bei ihr bleiben für die Zeit, die es braucht, bis der Sturm sich legt und bis die Zeit vergeht.

Hin und wieder ziehen sich Schildkröten zum Schlafen komplett in ihren Panzer zurück, der sie vor der Außenwelt schützt.

Ich habe nie aufgehört, die Kinder zu meiner Mutter zu bringen. Dieses Band wollte ich nie zerreißen. Ein Abend im Monat. Sie kommen immer gut gelaunt zurück. Sie haben gegessen, was sie wollten, angeschaut, was sie wollten, gespielt, was sie wollten. Sie lieben sie und mich macht es glücklich, dass sie Zeit miteinander verbringen. Sie zeigt ihnen Fotografien, erzählt ihnen von meiner Kindheit, von ihrem Leben.

Ich habe nicht die geringste Ahnung, was sie ihnen alles anvertraut.

Eines Morgens kommen sie erschöpft von ihr nach Hause zurück, vor allem mein Sohn hat dunkle Schatten unter den Augen. Von meiner Tochter erfahre ich, dass ihr Bruder in der Nacht einen heftigen Asthmaanfall hatte. Ich hatte vergessen, den Inhalator in seine Tasche zu packen. Meine Mutter hat nichts unternommen. Sie hat mir weder Bescheid gegeben noch hat sie den Notarzt gerufen. Der rasselnde Atem meines Sohnes hatte sich erst am Morgen, nach langen, qualvollen und bangen Stunden, wieder beruhigt. Meine Tochter sagt: «Ich habe die ganze Zeit seine Hand gehalten und immer wieder gesagt, du musst atmen, du musst atmen. Ich dachte, er würde sterben.»

Als ich mit ihr telefoniere, spielt sie das Ganze herunter. So schlimm kann es nicht gewesen sein, da es vorbeigegangen ist, kein Grund, gleich so ein Drama daraus zu machen.

Ich erkläre, dass ich die Kinder nicht mehr zu ihr bringen werde, nie wieder. Sie antwortet, sie werde mich vor Gericht ziehen, das Sorgerecht beantragen oder sich umbringen.

Es könnte sein, dass sich nichts tut.

Nach diesem Vorfall will ich sie nicht mehr sehen und die Kinder besuchen sie auch nicht mehr. Ich weiß, dass ich sie verletze, aber ich hoffe, sie dadurch wachzurütteln. Meine Mutter ruft nach wie vor jeden Donnerstag an. Unsere Gespräche enden immer damit, dass eine von uns schreiend oder weinend auflegt.

Weil ich zu wütend bin. Weil ich ein schlechtes Gewissen habe, wütend zu sein. Weil ich nicht verstehe, was uns passiert ist. Weil ich mir mehr Mühe hätte geben sollen. Weil ich zu schnell aufgegeben habe. Weil ich glaubte, ich müsse die Flucht ergreifen. Weil ich sie im Stich gelassen habe. Weil ich mich schäme. Weil ich nicht weiß, was ich mit diesen Gefühlen machen soll, die mich einholen, wenn ich an all diese Jahre ohne sie denke, all diese versäumten Jahre.

Die Schulklasse meiner Tochter plant eine Reise nach Schottland. Um Geld einzunehmen, wird ein Theaterstück auf Englisch aufgeführt. Obwohl sie nicht muss, will meine Tochter mitspielen. Sie probt jeden Mittwoch in der Schule. Ich frage mich, wie sie, die noch immer kein Wort mit uns spricht, auf eine Bühne will. Als der Tag der Aufführung gekommen ist, bringt sie in einer komischen Rolle den ganzen Saal zum Lachen. Nach dem Stück gratulieren uns Lehrer und Eltern, *ihre Tochter ist unglaublich*. Mit anderen lacht sie. Mit anderen ist sie noch sie selbst.

Es ist ein Samstagabend für mich allein, ein Samstagabend einer Frau. Ich gehe hinaus in die Nacht, in der
sich junge Leute mit hungrigen Blicken umkreisen.
Ich frage mich, wohin meine Jugend entflohen ist,
meine Zwanziger, meine Dreißiger. Ich habe sie nicht
vorbeiziehen sehen. Wohin sind die Träume von damals, die Lust am Verführen, der suchende Blick, der
plötzlich angespannte Körper, die unmittelbare An-
ziehung, wo habe ich das alles abgestellt? Das Begehren findet nur noch selten zu mir, es ist rarer, unbe-
ständiger geworden. Ich betrete eine brechend volle
Bar, sehe mich suchend um, damit niemand denkt,
ich sei alleine hier. Eine Freundin soll nachkommen,
aber sie ist zu spät. Ich leere bereits das zweite Glas,
der Wein ist nicht besonders, ich schmecke die Tanni-
ne, die mit ihrer säuerlichen Wehmut meinen Rachen
benetzen. Mein Kopf dreht sich ein wenig. In dem
Moment erklingen die ersten Takte dieses Songs, zu
dem ich als Jugendliche so oft getanzt habe. *Mala Vida*,
das schlechte Leben. Ich zögere einen Augenblick,
dann stehe ich auf, bahne mir einen Weg durch die
Menge am Tresen bis zur Tanzfläche. In dieser Nacht
verschwimmen die Jahre. Ich vergesse alles und alle
um mich herum. Der Schweiß presst den Pullover an
meine Haut. Vermutlich sehe ich aus wie eine Ver-
rückte. So ist das mit tanzenden Mädchen, nichts
um sie herum zählt noch. Der bebende, ekstatische,
mitgerissene Körper. Die geschlossenen Augen, die
Haare, die sich an mein Gesicht kleben. Ich bin dieses
Mädchen, die tanzt, bis ihr schwindlig wird. Das Lied

ist zu Ende. Ich taumle zurück zu meinem Barhocker. Meine Handtasche und mein Mantel liegen unverändert am selben Platz. Meine Freundin ist noch immer nicht da, ich werfe einen Blick auf mein Handy, ihr ist etwas dazwischengekommen, es tut ihr leid. Mir bleibt nichts anderes übrig, als nach Hause zu gehen. Die Frau, die ich in diesem Moment bin, gefällt mir nicht. Die Nacht, ein paar Drinks, ein Song, ich weiß nicht, wie ich dem Schatten meiner Mutter entkommen soll.

Bin ich ehrlich, was sie betrifft? Vielleicht übertreibe ich, vielleicht mache ich mir etwas vor, vielleicht existiert das alles nur in meinem Kopf. Ich frage mich, wo sie sind, die Erinnerungen, die schönen, heiteren, zärtlichen. Ich bin sicher, dass sie sich irgendwo in meinem Gedächtnis verstecken, in irgendeinem Winkel verborgen sind, aber ich kann sie nicht hervorholen, sie werden von Bergen finsterer Gedanken erdrückt und schaffen es einfach nicht, bis zu mir vorzudringen, ich finde sie nicht mehr. Es ist hoffnungslos.

Der Arzt, dem ich meine Schuldgefühle gestehe, sagt: «Sie haben das Recht, das Band zu trennen, wissen Sie.» Ich frage, ob er mir ein Rezept dafür ausstellen kann.

Meine Mutter ruft mitten am Tag an, dabei ist nicht mal Donnerstag. Ich hebe ab. Sie erzählt mir eine wilde Geschichte, ihr Auto sei innerhalb von einer Woche mehrmals aufgebrochen worden. Ich höre ihr zu. Mir bleibt nichts anderes übrig, wenn ich antworte, hört sie mich nicht, sie hört immer schlechter, sagt, sie würde taub werden, «stell dir vor, in meinem Alter, ich hab die Schnauze voll von den ganzen Krankheiten». Sie will nicht hören, dass sie viel zu schnell altert, sich selbst kaputt macht, man die Zeit zurückdrehen müsste, aber lässt sich in diesem Stadium überhaupt noch der Kurs wechseln, lässt sich überhaupt noch etwas für sie tun? Ich sage nichts, meine Worte erreichen sie nicht.

Als ich ihr von meinem Schreibprojekt erzähle, erwidert sie: «Ich hab eine Geschichte für dich wenn du willst, soll ich sie dir erzählen? Daraus kannst du bestimmt ein gutes Buch machen. Es ist nämlich kein Zufall, dass ich unglücklich geworden bin, verstehst du, ein Mann hat mich angegriffen als ich ein kleines Mädchen war. Da staunst du, oder, da bleibt dir die Spucke weg!» Mir hat es tatsächlich die Sprache verschlagen. Ich weiß nichts von einer solchen Geschichte, höre zum ersten Mal davon. Sie erklärt, die Erinnerung sei vor einiger Zeit zurückgekommen. Es sei lange her, sie muss etwa fünf gewesen sein und war mit ihren Eltern im Urlaub. Ein fremder Mann. Ich bin fassungslos. Ich frage, ob sie sich sicher ist, ob sie es ihren Geschwistern oder sonst jemandem erzählt hat. Sie antwortet, sie habe es ihrer Mutter erzählt. Ich stelle mir dieses

Gespräch vor, was meine Großmutter wohl empfunden hat. *Hatte sie es gewusst?* Meine Mutter schildert die Ungläubigkeit ihrer eigenen Mutter, ihre Reaktion: «Aber das ist doch unmöglich, wir haben dich nicht aus den Augen gelassen, das kann nicht passiert sein». Sie frohlockt: «Aber ich bin ganz sicher, dass es passiert ist, deshalb geht es mir schon so lange schlecht, das erklärt alles, verstehst du?» Ob es stimmt oder nicht ist letztlich unwichtig. Ich würde ihr gerne glauben, weil es tatsächlich vieles erklären würde. Ihren Umgang mit Männern, aber auch mit mir, der dazu führt, dass mich ihre Anrufe regelmäßig in Rage versetzen. Ich denke an all die Male, die ich nach einem unserer Telefonate einen Nervenzusammenbruch hatte, geschrien oder einen Teller auf dem Boden zerschlagen habe.

Sie ist noch immer in der Leitung. Ich sage, dass ich ihr glaube, was soll ich sonst sagen. Dass ich ihr dieses Vertrauen gewähre, scheint sie zu freuen. Ihre Stimme beruhigt sich, dann schweigt sie. Auch ich sage nichts. Meine Tränen fließen, ihre auch, das weiß ich. Wenn ich jetzt bei ihr wäre, würde ich sie gerne umarmen. Ich weiß nicht, wie lange das nun schon her ist. Jahre. Jahrzehnte, in denen ich sie nicht wirklich berührt habe. Ich würde sie gerne um Vergebung bitten, sie trösten.

Ich sitze im Wohnzimmer auf dem Boden. Mein Körper ist wie von selbst nach unten geglitten. Mit dem Arm ziehe ich meine Beine an mich heran. Ich frage, ob ich bei ihr vorbeikommen soll, sie antwortet, lieber nicht, sie sei nicht in der Verfassung. Bevor sie auflegt, fügt sie noch sanft hinzu: «Wenn du schreibst, wäre es schön, wenn du von mir erzählst.»

Meine Tochter findet mich eine Stunde später wie versteinert am selben Platz mit dem Telefon in der Hand. «Hast du geweint? Ist es wegen Oma?» Ich muss nichts sagen, ich weiß, dass sie weiß. Sie beugt sich zu mir, umarmt mich, flüstert: «Das wird schon, das geht vorbei, ich verspreche es dir.»

Der Sommer steht vor der Tür und ich habe auf nichts Lust. Der Mann bietet mir an, für ein paar Tage zu ihm zu kommen, dabei war es mir endlich gelungen, für eine Weile auf Abstand zu gehen. Ich willige ein, auch wenn mir bewusst ist, dass ich nicht sollte. Ich habe das Gefühl, die falschen Entscheidungen zu treffen, hätte gerne, dass jemand anderes für mich entscheidet. Ich weiß nicht mehr, wie ich vorankommen soll.

Die Schildkröte kriecht langsam, aber unermüdlich fort.

Ich bin über vierzig und mein Leben gleicht mehr und mehr dem meiner Mutter. Nie hätte ich gedacht, dass die Dinge diesen Lauf nehmen würden, dass auch ich zu dieser Frau werden würde, alleinstehend, verloren, mit einem Kind, das ich nicht verstehe und dem ich nicht helfen kann. So hatte ich es mir nicht vorgestellt, ich glaubte, alles anders als sie zu machen. Ich habe es nie ertragen, wenn jemand mir sagte, *wie die Mutter, so die Tochter*, ich antworte immer, das sei nicht die gleiche Geschichte. Deshalb war ich gegangen. Hatte diese Distanz zwischen mir und meiner Mutter geschaffen. Ich würde nicht die gleiche Mutter wie sie sein. Ich hatte alle möglichen Vorkehrungen getroffen, alle Ratschläge aus den Büchern befolgt, ich hatte nichts davon kommen sehen. Mit der Traurigkeit meiner Tochter hatte ich nicht gerechnet, sie war plötzlich da und alle Vorkehrungen hatten sich als nichtig erwiesen, denn wovor kann man sich schon schützen im Leben? Können wir uns den Sorgen entziehen, der Melancholie, der Leere, den immergleichen Mustern und all dem Schmerz, den wir mit uns herumtragen und später weitergeben, können wir sie unter zu großen Pullovern verbergen, in den Armen einer flüchtigen Liebe oder in den Worten, die wir schreiben, können wir einfach so tun, als gäbe es sie nicht? Ich habe es versucht und habe mich geirrt. Ich glaubte, meine Mutter vergessen zu können.

Zwanzig Jahre sind vergangen, seit ich nicht mehr mit ihr zusammenlebe und von diesen zwanzig Jahren ist mir nur wenig geblieben. Ihre Freude, als sie erfuhr, dass ich Mutter werden würde, die Art, wie sie meine Kinder in den Arm nahm, die paar Male, die sie mich besuchen kam, wir uns in der Küche unterhielten und sie, wie mir schien, noch aufrecht stehen konnte. Ein paar unscharfe Bilder von Spaziergängen im Park, ein Geburtstag, Neujahr, ein Sonntag. Alles andere habe ich verdrängt, verbannt, beiseitegeschoben. Und irgendwann war da nur noch meine Wut. Ich denke an ihre Stimme am Telefon zurück, ihre fast tonlose Stimme, die mich bittet, von ihr zu erzählen. Ich weiß nicht, ob wir die Zeit zurückspulen, die Dinge dort, wo wir sie abgestellt haben, wieder aufnehmen, unsere Geschichte neu schreiben können. Ich habe Angst, dass es zu spät ist. Ich weiß nicht, wie ich sie wieder ins Leben holen und bei mir behalten kann, ich weiß nicht, ob das noch möglich ist. Vielleicht lassen die, die sich lieben, einander gehen.

III.

Ich werde meine Sachen in den Koffer werfen, diese Wohnung verlassen und abhauen. Ich habe genug von diesem Mann, ich habe genug von Paris, ich habe hier nichts mehr zu suchen. Ich schlüpfe in ein Kleid, trinke ein Glas eiskaltes Wasser. Mir ist so heiß. Und du, die nicht antwortet. Ein seltsamer Tag. Mein Hals zieht sich zusammen, ich ersticke.

Ein Piepton, diese Worte auf meinem Handy-display.

Sie liegt da, sie wirkt friedlich.

Aber ich muss Sie vorwarnen: Die Wohnung ist ziemlich verwahrlost. Ich weiß nicht, wie ich Ihnen helfen kann.

Mit einem Mal ist mein Körper bleischwer, meine Beine versagen, ich gehe in die Knie und falle auf das Parkett.

Ich schreie.

Mama.

Ich schreie lange.

Ich liege auf dem Boden.

Ich erinnere mich an meine Tränen, an das

brennende Gefühl in meiner Brust, an den Rotz, der mir in den Mund läuft.

Ich spüre, wie etwas lange in mir reißt.

Und dann nichts mehr.

Stille.

Heute ist Mama gestorben. Sofort kommt mir dieser Satz in den Sinn.

Du bist an einem 7. Juli geboren und man hat dich an einem 7. Juli leblos in deiner Wohnung gefunden. Wäre dieser Geburtstag nicht gewesen, hätten wir vermutlich lange nichts von deinem Tod erfahren. Ich weiß nicht, wann ich angefangen hätte, mir Sorgen zu machen. Nach Tagen, Wochen vielleicht. Meine Schwester und ich hatten mehrmals bei dir angerufen, aber du nahmst nicht ab. Das sah dir nicht ähnlich. Dieser Tag war dir wichtig. Unmöglich, dich zu erreichen, unsere Anrufe verhallten in der Abwesenheit. Unbewusst schwante mir, dass dir etwas zugestoßen sein musste.

Du bist einfach so gestorben, ohne einen Laut, ohne ein Wort, alleine. Du bist in der Anonymität einer Wohnung im ersten Stock gestorben, in der Stille der leer gefegten Schulhöfe, im Halbdunkel der schatten- spendenden Fensterläden. In der Sekunde, in der ich es erfahren habe, war mir, als würde ich mit dir gehen. Mein Herz ist kurz stehen geblieben und plötzlich hat mir alles wehgetan. Du bist gestorben, mehr habe ich nicht verstanden. Du bist gestorben, es war an einem Freitag.

An diesem Freitag im Juli wurde für acht Départements eine Hitzewarnung ausgerufen, 2271 Flüchtlinge wurden brutal aus einem Zeltlager bei La Chapelle getrieben, Hamburg ist zur Eröffnung des G20-Gipfels im Belagerungszustand aufgewacht, in Syrien ist ein Waffenstillstand in Kraft getreten, in Avignon wurde *Antigone* gespielt, die 7. Etappe der Tour de France wurde im Sprint entschieden, eine 1,20 Meter lange Schlange in einem Pariser Parkhaus gefunden.

Die Feuerwehrleute schlagen das Fenster ein, um in deine Wohnung zu kommen. Sie stellen den Tod fest. Der Arzt benachrichtigt mich. Ich rufe meine Schwester an. Ich verbringe den Abend abwechselnd mit einem Polizeibeamten und einem Bestattungsinstitut am Telefon. Mir ist plötzlich kalt.

Am nächsten Tag verlasse ich das Bett nicht, ich schaffe es einfach nicht, aufzustehen. Der Mann sagt, er habe genug von meinem Theater, ich mache mich lächerlich. «Du bist nicht die erste, die ihre Mutter verliert, du bist keine zwölf mehr.»

Ich sage unentwegt das Wort *Mama*. Es ist ein Wort, das ich schon lange nicht mehr gesagt habe. Ich spreche es mal monoton, mal leise, mal laut, manchmal schreie ich es sogar. Ich rufe dich, als könnte ich dich dadurch zurückholen, als würde ich deine Antwort erwarten.

Ein paar Tage vor deinem Tod hatte ich einen Film von Nanni Moretti gesehen, *Mia Madre*. Diese Frau, die weiß, dass ihr nicht mehr viel Zeit mit ihrer Mutter bleibt und die mit Leonard Cohen im Kopf durch die Straßen läuft, *I'm writing you now just to see if you're better.*
Da war es nur ein Film gewesen.

Ich fahre nach Hause, um den Kindern deinen Tod beizubringen. Ich sitze auf dem Sofa in diesem Haus, in dem ich nicht mehr lebe, mein Körper fühlt sich schwer an, mir ist, als würde ich gleich in dem Stoff versinken, von ihm verschlungen werden. Sie kommen die Treppen herunter, setzen sich zu ihrem Vater und mir, sehen mich fragend an. Meine Stimme versagt vor dem, was ich nicht auszusprechen wage. Sie schreien. Ich kann nichts tun, um ihren Schmerz zu lindern.

Meine Mutter ist tot. Ich bin nun eine Tochter mit einer toten Mutter. So etwas kommt vor. In meinem Alter ist es nichts Besonderes, eine Waise zu sein. Und doch scheint mir, dass niemand den nahenden Zusammenbruch wittert, der zu jeder Minute am Rande meines Bewusstseins aufflackert.

Ich will dich sehen.

Im Krematorium wird mir gesagt, du seist nicht vorzeigbar. *Es wäre kein schönes Bild zum Abschiednehmen.* Also war es das, nie wieder sehe ich: deine goldschimmernden grünen Augen, deine von Krähenfüßen gefurchten und dennoch jungen Augen, deine Augen, die noch immer zum Leuchten fähig waren, deine weiß, manchmal blau verfärbten Hände an den Stellen, wo das Blut kaum noch zirkulierte, deine Haare, die ihre Dichte und Farbe verloren hatten, deine verblichenen Haare unter der Tönung, venezianisches Blond wie du es gerne nanntest, dabei bist du nie in Venedig gewesen, dein Mund, der so viel schöner gezeichnet ist als meiner, deine vom Nikotin und den Jahren gelb verfärbten Lippen und Zähne, dein Mund unter dem Lippenstift, du wirst keinen tragen in deinem Sarg, das wird dir nicht gefallen, dein kippeliger Körper, der oben so viel breiter ist als unten, deine spindeldürren Beine, wie konnten sie dich überhaupt noch tragen, dein Körper ist nicht vorzeigbar und ich kann es nicht ertragen.

Du bist ohne Erklärung gegangen, ohne dass wir irgendetwas geklärt hätten. Ich bin sicher, dass dir das recht ist, schon wieder legst du einfach auf, drückst dich, stiehlst dich davon. Bis zum Ende bist du deiner Taktik treu geblieben, die Flucht zu ergreifen.

Du warst nicht die Mutter, die ich mir erhofft hatte. Ich bin dir hinterhergerannt, habe mich nach dir gesehnt, mich vor dir gefürchtet. Ich habe meine Kindheit damit verbracht, um deine Liebe zu betteln und mein Leben als Erwachsene damit, sie abzulehnen.

Schildkröten sind Einzelgänger. Sie kommunizieren nur selten, indem sie sich beißen oder mit ihren Panzern stoßen. Sie leben in Gleichgültigkeit nebeneinanderher. Sie sind zusammen und doch getrennt.

Die nächsten Tage laufen mechanisch ab. Anrufe bei Behörden, der Bank, den Versicherungen. Die Sterbeurkunden im Rathaus abholen. Die Kosten für die Einäscherung begleichen. Einen Sarg auswählen, sich schließlich für den günstigsten entscheiden, es hat ja keinen Sinn. Sich auf eine Zeremonie einigen. Es einfach, möglichst einfach halten.

Ich frage mich, was ich äußerlich mit dir gemein habe. Mir wird immer gesagt, dass ich meinem Vater ähnlich sehe. Dabei habe ich deinen Körper geerbt: schmale

Schultern, schwere Brüste, eine kaum vorhandene Taille, schlanke Beine und Knie, die einander berühren. Wie du trage ich Schuhgröße 41. Ich habe deinen Gang, deine Aura. Wie du habe ich ein paar Sommersprossen, die mit der Sonne zum Vorschein kommen. Wie du neige ich zu Hals- und Nackenschmerzen. Allerdings warst du viel kleiner und viel schlanker als ich es bin. Zuletzt wogst du nur noch 40 Kilo.

Ich weiß nicht, warum es heißt, die Toten wären *von uns gegangen*. Du warst mir noch nie so nahe, du bist nicht gegangen. Vielleicht ist es sogar das erste Mal, dass du wirklich *hier bist*.

Alles ist durch deine Abwesenheit verrückt. Ich nehme die Gegenstände anders wahr, ihre Formen scheinen mir runder, ihre Konturen schärfer. Diese Tasse ist nicht ganz weiß. Das Baumwolllaken ist plötzlich rauer. Dieses Kleid fällt nicht mehr wie früher. Du versteckst dich in allen Gegenständen, schlüpfst in sie hinein, bewohnst sie. Du bist überall, wo ich hinsehe. In den Straßen, den Menschen, den Schatten. Du bist immer die Schnellere, die, der ich hinterherrenne.

In den Tagen nach deinem Tod bin ich außerstande, mich um meine Kinder zu kümmern. Ich bin keine Mutter mehr, nur noch eine verlorene Tochter.

Ich habe mir deinen Tod oft vorgestellt, habe ihn so-gar herbeigewünscht. Jedes Mal, wenn ich am Telefon auflegte, wenn du weintest oder zu viel getrunken hattest, dachte ich, *das muss aufhören*. Ich weiß nicht, ob ich mir das verzeihen kann.

Ich soll eine Trauerrede schreiben. Man muss etwas sagen, dich begleiten. Das gehört sich so. Ich weiß nicht, was ich über dich schreiben soll. Wessen Por-trät soll ich zeichnen? Von wem soll ich Abschied nehmen, wie, mit welchen Worten, welchem Ziel, welchem Tonfall, Abschied nehmen, lässt sich das überhaupt artikulieren, lässt sich das schreiben, und an wen richten sich diese Worte? Du bist tot, du wirst mich nicht hören. Dir würde das Schweigen genügen. Das war es, was uns verband, das Schweigen jener, die nicht wissen, wie sie miteinander reden sollen, das Schweigen zwischen uns war das, was ich am liebsten hatte. Das Schweigen ist das, was mir von dir bleibt. Ich soll eine Rede für die Lebenden schreiben, dabei würde ich sie gerne nur für mich schreiben. Schreiben, um zu dir zurückzufinden, denn ich weiß, dass du auf mich wartest. Ich möchte endlich die Worte finden, die richtigen Worte, die angemessenen Worte. Du fehlst mir und es ist schrecklich, nicht aus-machen zu können, was genau es ist, was mir von dir fehlt.

Weil wir nicht mehr miteinander sprachen, weil wir nicht wussten, wie, weil es zu schwer geworden war, weil es uns die Zunge verbrannte, weil wir uns die Worte ins Gesicht spuckten, die Worte wie Schläge austeilten, wie in dem Märchen, das ich als Kind gelesen hatte, Kröten und Schlangen, die aus unseren Mündern kamen, weil wir so miteinander sprachen, mit hässlichen Worten, weil wir nicht mehr wussten wie sonst, weil wir es versuchten und immer wieder scheiterten, es bei jeder Lappalie, bei jeder Gelegenheit nach hinten losging, weil zwischen uns alle Worte nur Kampf, Erschöpfung, Wut und Resignation waren.

Am 7. Juli hatte ich, bevor ich es erfuhr, bei Monoprix ein Kleid im Sale gekauft. Es ist ein schönes schwarzes Kleid aus Krepp und Spitze, mit einem tiefen Rückenausschnitt. Ein elegantes Kleid, etwas schicker, eines, das man nur zu besonderen Anlässen anzieht. Ich ahnte nicht, dass es ein Trauerkleid werden würde.

Ich werde nicht in die Kirche gehen. Ich werde dich nicht beerdigen. Ich werde keine Blumen auf dein Grab legen. Ich werde dir nicht an deinem Todestag gedenken. Ich werde mich nicht nach den Öffnungszeiten des Friedhofs erkundigen. Ich werde mich nicht im Labyrinth seiner Alleen verlaufen. Ich werde deinen

Namen nicht in Marmor gravieren lassen. Ich werde zu deiner Erinnerung keinen Altar errichten. Ich werde nicht zurückblicken. Ich werde dich gehen lassen.

So also endet die Geschichte, deren Ende kein Ende nahm. Eine Stunde vor der Einäscherung verkündet mir der Mann am Telefon, dass er sich in eine andere verliebt hat.

Ich bin diese Schildkröte, die auf dem Rücken liegt und strampelnd versucht, sich wieder aufzurichten.

Ich habe praktisch die gesamte Chronologie dieses Tages vergessen. Eine Menge Leute haben mit mir gesprochen, ich weiß nicht mehr, was sie gesagt haben. Ich erinnere mich nur noch an den Blick meiner Schwester, den Gesichtsausdruck meiner Töchter auf der Bank, an die Ergriffenheit ihres Vaters und meines eigenen Vaters, der etwas weiter hinten saß, an meine Freundin, die angereist war. Ich erinnere mich, dass niemand den Sarg *auf die andere Seite* bringen wollte, also bin ich gegangen, ich konnte dich nicht alleine gehen lassen. Später dann mein Cousin bei mir in der Küche, die Wuttränen meines Sohnes und der Vater meiner Schwester, der uns zum Abendessen einlädt. Ich weiß nicht mehr, in welcher Reihenfolge ich was und wie getan habe. Nur, dass ich es getan habe.

Während der Rede zitterten meine Beine.

Am nächsten Tag fahre ich mit den Kindern in den Urlaub. Wir nehmen den Zug, um meinen Vater und seine Frau im Süden zu besuchen. Die unerwartet friedliche Ruhe dieses Aufenthalts. Er und ich reden miteinander. Ich begreife, wie wenig ich von meiner eigenen Geschichte weiß, wie ahnungslos ich bin, was eure betrifft. Ich habe Erinnerungen gebastelt, um durch sie mein Handeln zu erklären. Mit deinem Tod hat sich etwas getan und alles muss neu gedacht werden.

Wir reisen weiter durch den Südwesten, übernachten bei Freunden. Ich bin mit den Kindern an schönen Orten untergebracht, wir schlendern durch die Straßen, besuchen Museen, wir, alle vier, dicht beieinander, wir reden viel, tanzen zu Céline Dion, lachen. Sie retten mich, ohne es zu merken. Ich erzähle ihnen alles, wie sehr ich als Kind dein Lachen liebte, deine Weiblichkeit, deine Schönheit. Ich erzähle ihnen auch, wie sehr du mir gefehlt hast. Ich verschweige ihnen weder die Depression noch die Sucht, auch die Schläge nicht. Die Kinder wussten schon lange über alles Bescheid. Sie liebten dich. Selbst dann, wenn ich dich nicht liebte.

Meine Tochter lacht über das ganze Gesicht. Fast zwei Jahre sind vergangen, seit ich sie das letzte Mal so gesehen habe. Ich mache Fotos von diesem Lachen, ich will es festhalten, auf den Film bannen. Ich will Bilder bewahren, damit sie der Realität als Vorlage dienen.

Jemand wird sich um deine Wohnung kümmern müssen. Man hat mich vorgewarnt, *ziemlich verwahrlost*. Die Realität ist schlimmer als ich erwartet hatte. Es fühlt sich an, als würde ich in die Intimität einer Fremden eindringen. Ich lebte mit einem Bild von dir im Kopf und hatte keine Ahnung zu welcher Frau du geworden warst. An diesem verwüsteten Ort gibt es nichts, in dem ich dich wiedererkenne. Ich scheuere deine Verzweiflung vom Linoleumboden und Bitterkeit dringt mir unter die Fingernägel.

Ich vergesse deine Stimme. Ich glaube, das ist es, was ich als erstes verliere, deine Stimme. Wie klangen deine Silben, dein «a», dein «o», ich weiß es schon nicht mehr. Ich habe nicht einmal Aufnahmen deiner Stimme, dein Telefonanschluss wurde gekündigt, ich hätte gerne deinen Anrufbeantworter gehört, vielleicht sagtest du so etwas wie *Sie sind verbunden mit dem Anrufbeantworter von M*. Allein schon diese Worte hätte ich gerne gehört, das hätte mir genügt, mit ihnen hätte ich alles andere rekonstruieren können, aber mir ist nichts geblieben, nur mein Gedächtnis, das mich im Stich lässt und das verdammte Schweigen. Ich habe unsere Telefongespräche gehasst und jetzt wünschte ich, dein Name würde auf meinem Handy erscheinen und ich bräuchte nur abzunehmen, um dich sagen zu hören: *Ich bin's, Mama.*

Du bist an einem 7. Juli geboren. Du bist die Vorletzte von sechs Kindern. Deine Geburtsurkunde wurde in Lille ausgestellt, wo deine Eltern lebten. Mit sieben Jahren hast du dir die Schulter gebrochen, als du von einem Baum, auf den du mit einem deiner Brüder geklettert warst, herunterfielst. Du warst eifersüchtig auf deine jüngste Schwester, der eure Mutter aus deiner Sicht zu viel Aufmerksamkeit schenkte. Deine Haare waren immer so kurz wie die eines Jungen, bevor du sie in deiner späten Jugend lang getragen hast. Du hast die Erstkommunion empfangen. Du hast kein Abitur. Du hast meinen Vater in einem Sommercamp kennengelernt. Du wurdest als Sekretärin in einer Arztpraxis eingestellt. Du hast zwei Kinder zur Welt gebracht.

Die Rothaarige, Das Lächeln meiner Mutter, Eine Frau, Ich und meine Mutter, Meine Mutter lacht, Das Buch meiner Mutter, Eine Frau am Telefon, Schlechte Tochter, Weekend, Sehen wir uns morgen?
Du steckst überall in meiner Bibliothek.

Ich bin zweiundvierzig, als du stirbst. Ich werde schlagartig älter. Ich sehe schlechter, alles um mich herum verschwimmt. Ich brauche eine Lesebrille. Ich habe das Gefühl, innerhalb weniger Wochen um zwanzig Jahre gealtert zu sein, zu dir zu werden, die Welt mit deinen Augen zu enträtseln, alles verwischt, nichts ist mehr klar. Ich habe Schwindelanfälle, verliere oft das Gleichgewicht, verpasse eine Treppenstufe, stürze vom Fahrrad. Ich beginne, meine Haare zu verlieren. Sie fallen büschelweise aus, ich sammle sie jeden Morgen auf dem Kopfkissen ein, wie nach einer Chemotherapie. Unter den paar Strähnen, die mir noch bleiben, scheint meine Kopfhaut durch. Ich bin entsetzt. Ich schlafe wenig. Ich bekomme meine Periode nicht mehr. Ich setze die Pille ab. Ich weiß nicht einmal, ob ich noch Lust auf Sex habe. Meine Libido scheint mir nur mehr eine ferne Erinnerung zu sein. Ich verliere alles auf einen Schlag, meinen Körper und mein Begehren. Wenn du gehst, muss dann auch ich gehen? Zum ersten Mal habe ich Angst davor zu sterben.

Hin und wieder kommt es noch vor, dass nachts eine Schildkröte in meinen Mund kriecht und meine Zunge verschlingt.

In den zwei Monaten nach deinem Tod sitze ich an den Fahnen meines ersten Romans. Ein Kapitel schließt sich, während ich ein neues schreibe. Ich nehme dieses Ereignis in meinen Text auf, lasse die Wirklichkeit in die Geschichte einfließen. Ich schreibe deinen unerwarteten Tod, den nicht vorzeigbaren Körper, meinen Schmerz. Ich schreibe die Stille, in der du verschwindest. Diese Geschichte lässt sich nur mit dir schreiben, dort wo die Worte mit der Erinnerung tanzen. Ich vergesse nichts von dir, was bleibt mir anderes übrig, als darüber zu schreiben. *Ich schreibe dich*. Ich schreibe über und für dich. Der Roman ist dir allein gewidmet. Du wirst ihn nie lesen.

Deine Asche muss beim Bestattungsinstitut abgeholt werden. Ich habe keine Ahnung, was wir damit tun sollen. Meine Schwester will sie im Meer verstreuen, ich äußere mich nicht dazu, ich glaube, es ist mir egal, wir werden es machen, wie sie will. Wir müssen eine Erklärung unterzeichnen, dass wir deine Asche nicht bei uns zu Hause behalten. Ich verkneife mir ein Lachen, wenn die wüssten, deine Asche bei mir zu Hause, nein danke, ich kenne dich, du würdest jede Nacht bei mir herumspuken. Die Urne ist in einer Box, ich öffne sie nicht, ich will sie nicht sehen. Ich trage den Karton. Er ist nicht besonders schwer. Du wiegst überhaupt nichts mehr.

Wir haben die Schlüsselbunde, es sind zwei, aber von deinem Auto ist vor deinem Haus weit und breit nichts zu sehen. Wir haben das Viertel und die Seitenstraßen durchkämmt, wir klappern alles ab, teilen uns mit meiner Schwester, dem Vater meiner Kinder, seinen Eltern und Freunden die Möglichkeiten auf. Es hat etwas von einem komplizierten Spiel, aber es ist nicht lustig. Was hast du bloß mit der Kiste gemacht? Wir müssen zur Polizei, Anzeige wegen eines gestohlenen oder verschwundenen Fahrzeugs erstatten. Ein Fahrzeug, das nicht uns gehört, als gestohlen zu melden, führt direkt in den bürokratischen Irrsinn: die Versicherung anrufen, es bei der Polizei melden, die Behördengänge, es dauert ewig, dabei müssen wir uns noch um dein Konto kümmern, um das Erbe, den Notar. Ich beginne, nachts von dir zu träumen, du sitzt am Lenkrad deines Autos und verfolgst mich, jedes Mal wache ich schweißgebadet und mit dem Gefühl auf, dass du nicht tot, dass du immer noch hier bist.

Mein Herz fängt unvermittelt an zu rasen, bei Tag, bei Nacht, und Panik überfällt mich, ich glaube, dass nun ich an der Reihe bin, dass auch ich sterben werde. Ich habe so etwas noch nie erlebt, dieses willkürliche Flattern, nie vor deinem Tod, mit diesem Tag hat es angefangen. Ich hatte das auf den Schock zurückgeführt, *Ich weiß nicht, wie ich Ihnen helfen kann,* aber es geht nicht vorbei. Ich gehe zu Ärzten, Spezialisten, mache Elektrokardiografien, Echokardiografien, Belastungsuntersuchungen. Man findet nichts. Ich finde mich ab mit meinem etwas zu präsenten Herz, mit deinem abwesenden Herz.

Um mich herum tobt das Leben. Bücher erscheinen, Filme laufen über die Leinwände, Konzerte bringen Menschenmengen zusammen. Das Licht ist das gleiche, die Nacht ist die gleiche, die Zeit, die vergeht, ist die gleiche. Und dennoch kommt es mir so vor, als würde die Trauer kein Ende nehmen.

Ich breche wegen jeder Kleinigkeit in Tränen aus. Ein Glas, das mir zerbricht, ein Gegenstand, den ich nicht wiederfinde, ein Anruf, den ich erledigen muss. Ich schäme mich, vor meinen Kindern wie ein Kind zu weinen. Ich wäre gerne stärker. Ich fühle mich wie ein Stück Zucker, das man zwischen den Fingern zerbröselt, ein krümeliges Pulver, das man mit einer Handbewegung vom Tisch wischt.

Meine Tochter aber weint nicht mehr. Ich merke es nicht sofort, ich bin von dir besessen und für alles andere blind. Den Lebenden schenke ich keine Beachtung mehr. Ich verbringe meine Zeit mit der Erinnerung an dich. Das füllt alle meine Gedanken aus, vor allem nachts. Ich denke zurück an deine Bitte: *Es wäre schön, wenn du von mir erzählst.* Ich schreibe über dich, über uns. Diese Worte, die du nicht lesen wirst, sind für dich.

Neben deinem Bett habe ich ein Notizheft gefunden. Es ist ein Tagebuch, das du in deiner Jugend geführt hast. Ich habe keine Ahnung, was es auf deinem Nachttisch macht. Hast du es wieder gelesen? Noch darin geschrieben? Es fällt mir schwer, deiner Schrift auf dem karierten Papier ein Alter zu geben. Obwohl die Einträge bis Ende der Sechzigerjahre zurückreichen, glaube ich, deine Schrift, wie ich sie gekannt habe, wiederzuerkennen. Es ist nicht die Schrift eines jungen Mädchens, auch wenn sie rund und voll ist. Es ist die Schrift einer Frau, die bei genauerem Hinsehen Kanten und Risse aufweist.

Ich lese die Worte meiner Mutter, bevor sie zu meiner Mutter wurde.

Ich lerne dich als junges Mädchen kennen und mir gefällt, was ich lese. Du erzählst von deinen Eltern, den Ferien und Prüfungen, du erzählst von Ausflügen mit dem Mofa, du erzählst von jungen Männern, die ich nicht kenne, Pascal, Alain, Bruno, du erzählst von der Begegnung mit meinem Vater, vom Verliebtsein, von deinem Körper, der andere erkundet, von deinem ersten Mal, du erzählst wie es war, eine Frau zu werden, von Freiheit, Lyrik und schreibst zudem selbst welche. Ich lese dich und die Seiten glühen zwischen meinen Fingern. Ich wusste nicht, dass du schreibst, wusste nichts von diesem Heft, genauso wenig wie du etwas davon wissen wolltest, dass auch ich schreibe, diesen Wunsch habe, zu schreiben. Wir hatten nie darüber gesprochen. Wir kannten uns nicht.

Bald kommt der Herbst. Melancholie. Ich gehe durch den Regen, senke den Blick, versuche, die Gedanken zu stoppen. Wenn er zu hart auf mich herabfällt, werde ich bei dir Trost suchen. Ich werde dir von meinem Leben erzählen, mich an deine Schulter lehnen, meine Hände in deine legen. In der Ferne werden die Blätter ungestüm, rot und leuchtend von den Bäumen auf das verwaschene Pflaster fallen.

Und so langsam wie ich gekommen bin werde ich gehen. Ich werde an dich denken, in die endlose Weite blicken, alle meine Gedanken werden im Kopf tanzen, alles wird für mich zu Stille werden und selbst deine Stimme, die ich vergesse.

Tagebuch meiner Mutter, 23. August 1969

Ich sehe mir Bilder von dir als Kind an. Ich suche nach einer Unstimmigkeit, einem Hinweis. Ich wünschte, die Antwort wäre hier, in deiner Vergangenheit, sichtbar. Ich wünschte, sie würde mir ins Gesicht springen. Ich wünschte, jemand würde mir eine Erklärung, den Schlüssel zur Lösung geben, mir sagen, deiner Mutter ging es nicht gut, *weil*. Also sehe ich genau hin, finde und erfinde Zeichen, die es nicht gibt.

Die Bilder zeigen ein ganz normales Kind. Du hast rote Haare, volle Wangen und wirkst glücklich mit deinen Eltern und Geschwistern. Du empfängst deine Kommunion, schwimmst in einem See, besuchst die Schlösser der Loire. Du stammst aus einer durchschnittlichen, nordfranzösischen Familie, weder reich noch arm, wirst geliebt und umsorgt. Ich betrachte dich auf diesen Bildern und sehe nichts, nichts bis auf ein kleines Mädchen, das zu einer jungen Frau heranwächst, ein schüchternes Lächeln hat, aber den Fotografen anlächelt. Ich sehe, wie du erwachsen wirst, meinen Vater heiratest, mit mir schwanger und schließlich Mutter wirst. Ich verteile die Fotos auf dem Parkett im Wohnzimmer, reihe sie chronologisch aneinander, es sieht aus wie ein Stummfilm, ein verblasster Fotoroman, es ist deine Geschichte, die viel einfacher ist als die, die ich mir erzählt hatte.

Ich erwarte zu viel von den Bildern, ich erwarte eine Offenbarung, aber sie bleiben stumm. Wenn du ein Geheimnis hattest, hast du es mitgenommen.

Bist du an Einsamkeit gestorben? An Kummer? An Wut? Hast du sehr gelitten? Wusstest du, dass der Moment gekommen war? Hat dein Herz Alarm geschlagen? Ist dein Leben vor deinem inneren Auge vorbeigezogen? Hast du um Hilfe gerufen? Bist du einfach so eingeschlafen? Hast du gespürt, wie dein Atem langsamer wurde? Hast du Angst gehabt? Bist du an Liebe gestorben? An mangelnder Liebe? An dieser Liebe, die dir immer gefehlt hat und die nichts ausfüllen konnte, weder die Zeit, die vergeht, noch das Leben, das seinen Lauf nimmt, und auch nicht die Männer, die du geliebt, und die Kinder, die du bekommen hast? Bist du gestorben an Sehnsucht, eine andere zu sein, eine andere, die sich selbst mehr geliebt und sich ihre Fehler verziehen hätte, die dich mit Nachsicht behandelt und dir gesagt hätte, dass nichts von alldem so schlimm ist? Hast du an uns gedacht? Hast du uns verziehen, dass wir an diesem Tag nicht bei dir waren? Hast du die Worte gesagt, die wir uns nicht mehr sagten: ich liebe dich, ich denke an dich, wie geht es dir, nett, dass du an meinen Geburtstag denkst?

Wir haben ihn nicht vergessen, wir haben angerufen.

Du hast nicht geantwortet.

Ich lese Roland Barthes *Tagebuch der Trauer*. Unterstreiche Sätze. Manche lerne ich auswendig. *Man vergisst nicht, sondern etwas Unbetontes setzt sich in uns fest.* Es ist, als hätte sich deine körperliche Hülle als Schattengestalt in meine geschlichen und fülle sie aus. Es schmerzt, mir vorzustellen, du wärst hier, in mir drinnen. Du bist dieser Fremdkörper, von dem ich mich befreien möchte.

Ich weiß, dass du mich geliebt hast. Ich weiß es in den Falten in meiner Haut, den Lücken in meinem Gedächtnis, den Misstönen meines Herzens. An deiner Liebe habe ich nie gezweifelt. Aber an meiner, mit der Zeit.

France Gall stirbt an einem 7. Januar, genau sechs Monate nach dir. Die Nachricht erreicht mich über eine Eilmeldung von *Le Monde*. France Gall ist tot und ich kann es nicht glauben. Weil France Gall, das bist du. Du im weißen Trägerhemd auf dem Cover von *Paris, France*. Du die Mutter in *Si maman si*. Du, der die Nacht gehört in *La chanson de Maggie*. Du, die abends nicht schläft. Du, die nicht länger auf das Glück warten will. Du, die von einer Welt da oben träumt. Du in jedem Lied, in jeder Strophe, in jedem Wort.

France Gall ist gestorben und es ist, als würde ich ein zweites Mal von deinem Tod erfahren, als würde mir die Nachricht überbracht, während ich noch ahnungslos war, sein Ausmaß noch nicht begriffen hatte, es noch nicht real war. France Gall ist gestorben und ich laufe die Treppe hinunter, stehe im Nachthemd im Wohnzimmer und weine über deinen Platten, betrachte sie lange, um dich ein letztes Mal zu sehen. Die Kinder kommen und setzen sich zu mir. An diesem Sonntag spiele ich jede einzelne Platte ab, chronologisch nach ihrem Erscheinungsdatum, wir hören uns jedes Lied an. Alle sagen mir, dass du tot bist und die Leere diesmal nun wirklich kein Ende mehr nehmen wird.

Ich erkläre dem Psychologen, dass ich mich nicht damit abfinden kann. *Dich nicht mehr gesehen zu haben, dich nicht wiederzusehen.* Er schlägt mir vor, es mit Schamanismus zu versuchen und so mit deinem Geist in Verbindung zu treten, von dir Abschied zu nehmen und dich gehen zu lassen. Obwohl ich mit Esoterik nichts anfangen kann, bin ich einverstanden. Ich liege auf dem Teppich im Halbdunkel und lasse die Trommelschläge auf mich wirken. Ich horche auf die Schwingungen, die nach und nach in meinen Körper übergehen und versuche, mein Bestes zu geben. Die Lichtung visualisieren, mich ans Feuer setzen, auf dich warten. Ich warte lange, sehr lange auf dich, und plötzlich bist du da. Ich erkenne dein Gesicht, du stehst da, vor mir, auf der anderen Seite der Flammen, es ist heiß, ich schwitze, aber ich sehe dich, es sind deine Züge, ich erkenne sie wieder. Ich sehe dich, du bist es wirklich, *meine Mutter.* Der Psychologe ermutigt mich: «Jetzt dürfen Sie keine Angst haben, reden Sie mit ihr.» Ich bleibe stumm, bin wie gelähmt. Kein Wort kommt aus meinem Mund. Vielleicht habe ich dir letztlich gar nichts zu sagen, vielleicht gibt es die Worte, die ich gerne sagen würde, gar nicht.

Als ich wieder draußen bin, breche ich bei der Vorstellung, wie ich auf ein bescheuertes Tamtam konzentriert auf dem Teppich liege, in Lachen aus. Um zu dir zurückzufinden, bin ich wirklich zu jedem Quatsch bereit.

Ich sehe mir eine Ausstellung von Sophie Calle im Pariser Jagd- und Naturmuseum an. Die Künstlerin beschäftigt sich mit dem Verlust ihres Vaters und alles bewegt mich, als würde es um dich gehen, als hättest du dich in diese Fotografien, diese Gegenstände, diese ausgestopften Tiere geschlichen. Ich denke an die Eule, die Schildkröten, den Fuchs deiner Großmutter. Das Museum ist gut besucht, aber es kommt mir vor als wäre ich mit meiner Toten alleine. Du und ich, wir waren immer zusammen allein. Bevor ich das Museum verlasse, schreibe ich in das Gästebuch, das später zum Katalog der Ausstellung werden wird: «Ich habe die Asche meiner Mutter in meinem Keller versteckt. Ich warte darauf, dass sie zurückkommt, um sie zu holen.»

Im Zug nach Hause merke ich, dass mich, ein paar Sitze weiter, ein Mann beobachtet. Schließlich spricht er mich an, er kennt meinen Vornamen, stellt sich vor. Er ist der Mann, mit dem wir eine Weile zusammengelebt hatten, als ich ein Kind war, der Mann, der dich damals mit einem Gewehr bedroht hatte. Nach so vielen Jahren hat er mich wiedererkannt. Ich sage ihm, dass du gestorben bist. Er beginnt zu weinen, macht sich Vorwürfe, er habe nie verstanden, was zwischen euch vorgefallen ist, habe nie verstanden, wer du eigentlich warst. Ich antworte, auch ich habe das nie verstanden.

Kurze Zeit später laufe ich einer deiner ehemaligen Kolleginnen über den Weg. Sie erzählt, in der Arbeit sei ich damals das Maskottchen gewesen, das kleine

Mädchen, das im Hörsaal des Krankenhauses herumrannte. Und sie fügt hinzu: «Du warst alles für sie, sie hat dich so geliebt und immer überallhin mitgenommen.»

Ich würde gerne die Zeit zurückdrehen und mich an diese Liebe erinnern.

Meine Tochter fliegt mit ihrer Klasse für mehrere Wochen nach Neuseeland. Diesen Weg ist sie alleine gegangen. Sie braucht keine Medikamente mehr, hat keine Angst mehr, zu reisen, keine Angst mehr, zu leben. Wenn sie mich anruft, überwindet ihr Lachen mühelos die 19.000 Kilometer, die uns voneinander trennen.

Ich sehe mir eine Doku über Joan Didion an, in der sie von ihren Verlusten erzählt, jene, die sie aufgeschrieben hat, um zu überleben. Ihr Mann, ihre Tochter, diese Reise durch die Nacht. Als ich eines ihrer Bücher wieder aufschlage, stelle ich fest, dass ich es von dir bekommen hatte. Deine Schrift, hier, intakt, auf dem Vorsatz. *Alles Gute zum Geburtstag.* Egal, was ich tue, sobald ich versuche, dich zu vergessen, tauchst du dort, wo ich dich nicht erwarte, wieder auf. Joan Didion schrieb: *Wir müssen die Toten gehen lassen.* Aber was, wenn es die Toten sind, die uns nicht gehen lassen wollen?

Deine Nummer ist noch immer in meinem Handy gespeichert. Damit könnte ich anfangen. Löschen. Dabei ist es doch einfach. Ein einziger Klick auf dem Touchscreen. *Kontakt löschen.* Die Toten gehen lassen, um zu den Lebenden zurückzukehren.

Wir finden nie den richtigen Zeitpunkt, um deine Asche zu verstreuen. Sie bleibt hier, unter mir. In den Keller gehe ich nur, wenn es sich nicht vermeiden lässt.

Als mein Roman in einer Buchhandlung meiner Stadt vorgestellt wird, kommt eine ältere Dame auf mich zu. Ihr Name ruft die Erinnerung wieder wach, sie ist es, meine ehemalige Lehrerin, die Direktorin. Ich bin perplex, sie hier zu sehen, und zugleich überrascht, dass sie noch am Leben ist. Sie verrät mir: «Du warst immer meine Lieblingsschülerin, aber du hast mir leid getan, du hast so einsam gewirkt. Als ich in Rente gegangen bin, habe ich alles weggeworfen, aber die Entschuldigungsschreiben deiner Mutter, alles, was dich betraf, die Briefe, die sie mir schrieb, das alles habe ich aufbewahrt, ich weiß nicht, warum.» Ich kann es nicht glauben. Diese Frau, den Beweis dieser Kindheit vor mir zu haben, in der du fabuliertest, deine Sehnsüchte, Abgründe und Enttäuschungen durch mich ausgleichen wolltest. Das alles hat es gegeben, es ist kein Hirngespinst, das meiner Fantasie entsprungen ist. Eine Woche später erhalte ich einen Briefumschlag.

Ich bitte Sie das Fehlen meiner Tochter heute Morgen zu entschuldigen, sie ist noch krank.

Meine Tochter wird heute nicht ins Schwimmbad kommen. Sie hat Neurodermitis.

Aufgrund eines familiären Notfalls kann meine Tochter nicht am Unterricht teilnehmen. Ich danke Ihnen im Voraus für Ihre Diskretion.

Heute Morgen sind wir nicht aufgewacht, tut mir leid.

Trinkende Frauen. So lautet der Titel der Sendung, die eines Morgens in meiner Küche aus dem Radio tönt. Ich höre diesen Frauen zu, die alle unterschiedlich sind, aber die gleiche Geschichte erzählen, deine Geschichte. Ich würde sie gerne umarmen, jede einzelne von ihnen, mit ihnen nachholen, was ich mit dir versäumt habe, ihnen sagen, dass ich sie verstehe, ihnen keinen Vorwurf mache.

Meine Tochter hat ihr Abitur mit Auszeichnung bestanden. Nach den zwei Jahren, die sie durchgemacht hat, sind wir alle tief beeindruckt. Am Abend bricht sie in Tränen aus, überwältigt: sie wird das nicht mit dir teilen können.

Eines Morgens ruft eine fremde Nummer bei mir auf der Arbeit an. Ich hebe ab. Die Stimme bittet darum, dich zu sprechen. Überrascht verschlägt es mir für einen Augenblick die Sprache. Die Stimme wiederholt ihre Bitte. Ich antworte, dass es sich um meine Mutter handelt und sie verstorben ist. Der Anrufer, wie sich herausstellt, ein Polizeibeamter, verkündet mir, dass sie dein Auto wiedergefunden haben. Es war in deinem Viertel geparkt, zwei oder drei Straßen von deiner Wohnung entfernt. Die Sache scheint mir ausgeschlossen. Wir waren dieses Viertel bis auf die letzte Straße abgegangen und hatten es nicht gesehen. Die Versicherung hatte uns für das gestohlene Fahrzeug schon längst entschädigt. Der Beamte erklärt, die Fahrertür sei mit Gewalt geöffnet worden, man habe das Auto vielleicht umgestellt, aber nun sei es auf jeden Fall wieder da, in deiner Nähe. Ein Nachbar habe sich beschwert, weil das Auto schon seit Wochen vor seiner Einfahrt parkte. Dein Auto ist fast ein Jahr lang verschwunden und dann, aus dem Nichts, wieder aufgetaucht.

Wie lange dauert es, bis man stirbt? Ich meine, bis man dauerhaft in den Herzen von denen, die uns geliebt haben, stirbt? Seit Monaten nimmt dein Abschied kein Ende. Wir mussten Formulare ausfüllen, Konten schließen, deine Steuern zahlen, deine Versicherungsverträge kündigen, deine Wohnung und Schlüssel zurückgeben, die letzten Spuren deiner Existenz verwischen. Dennoch bist du in Gestalten, die mir auf der Straße begegnen, in den Liedern, die ich im Radio höre, den Filmen, die ich mit meinen Kindern ansehe, in den gescheiterten Liebesbeziehungen, die mir zu schaffen machen. Du bist hier und ich halte es nicht mehr aus, dich hier zu wissen, wo du schon damals nur mehr ein Geist in deinem eigenen Leben warst. Wie lange dauert es, bis man stirbt? Drei, sechs Monate, Jahre?

Schild, Schuld, Scham, Schmerz. Die Trauer um dich fährt in immer gleichen Lauten durch mich hindurch.

Im Frühling fahre ich nach Marseille, schon wieder zu einer Ausstellung von Sophie Calle. Ich habe erfahren, dass die Stadt ihr eine Retrospektive widmet und unter anderen das Projekt über ihre verstorbene Mutter zeigt. Ich weiß, dass ich dich dort wiedersehen werde. In der Alten Charité weine ich lange vor einer eingerahmten Notiz: «*Am 15. März 2006 schreibe auch ich: Heute ist Mama gestorben. Niemand wird es für mich sagen. Ende.*»

Heute ist meine Mutter gestorben. Diese Worte kann man nur ein Mal aussprechen. Manche Tage sind unwiederbringlich.

Während ich weiter durch die Ausstellung laufe, knirsche ich, ohne es zu merken, mit den Zähnen, ich beiße mir in die Wangen, mein Mund ist voller Blut. Und doch empfinde ich eine enorme Erleichterung, als ich aus der Kapelle trete. Etwas hat sich getan, hier, zwischen ausgestopften Tieren und einer Toten, die nicht du warst, so etwas wie ein *Wiedersehen*.

Ein paar Tage später erklärt mir ein Arzt in seinem Besprechungszimmer, dass es meiner Tochter viel besser geht, etwas passiert ist. Es plötzlich klick gemacht hat.

Meine Schwester und ich verabreden uns endlich, an einem 7. Juli, um deine Asche zu verstreuen. In der Nähe eines verlassenen Strandes bleiben wir stehen. Es ist Ebbe und um das Meer zu erreichen müssen wir mehrere Kilometer zurücklegen. Wir gehen diesen Weg mit dir, die Schuhe lassen wir im Sand, die Wellen übertönen alles. An einem Sonntag im Sommer, im 10 Grad kalten Wasser von Stella-Plage, nehmen wir Abschied von dir.

La dernière fois qu'on nage, on ne le sait pas. Auf der Rückfahrt höre ich diese Worte durch meine Kopfhörer, meine noch feuchten Kleider und der Gedanke an dich im kalten Wasser. Du schwimmst, da bin ich mir sicher, du schwimmst und entschwindest immer mehr.

Ich bin begeistert, was mir alles unverhofft wieder einfällt, kleine, unbedeutende Details, Nichtigkeiten. Jemand niest und ich erinnere mich, dass du die einzige Person in meinem Umfeld warst, die *hatschi machen* sagte. Ein Blick auf das Schaufenster eines Tierpräparators und unsere künstliche Tierwelt kommt mir wieder in den Sinn, unsere stillen Gefährten, die mit uns von Wohnung zu Wohnung zogen. Ein Interview mit Isabelle Huppert und dein Teint unter den roten Haaren, der durch den Bildschirm leuchtet. Ein Film mit Robert Redford und du, die ständig zu mir sagte «er sieht einfach so gut aus, er sieht einfach so gut aus!» Ein Liebesdebakel und deine großen grünen Augen, deren Verzweiflung mir noch immer durch Mark und Bein geht. Meine Bikerjacke, die ich überstreife, und deine Silhouette, die ich im Spiegel suche. Ein paar Seiten von Sagan und deine Lebensweise, die mich unweigerlich und mit aller Kraft innerlich zerreißt.

Aus all diesen Erinnerungen, aber auch aus ihrer Abwesenheit, forme ich ein Material, aber ich weiß nicht, ob ich damit sagen kann, was war. Ich weiß nicht mehr, was uns passiert ist, habe es wahrscheinlich nie gewusst. Ich erfinde die Wirklichkeit, um dich noch etwas länger bei mir zu behalten.

Meine Tochter ist inzwischen Au-pair-Mädchen in England und nur für die Ferien zurückgekehrt. Vor mir steht eine aufgeräumte, ausgeglichene junge Frau. Die Traurigkeit hat sie hinter sich gelassen. Ich erzähle ihr von dem Buch, das ich gerade schreibe, diesem Buch über dich, über uns, und auch über sie. Ich erkläre ihr, dass ich nur noch daran denken kann, von dir erzählen, akzeptieren, dich gehen zu lassen.

Sie fragt besorgt, was ich schreiben werde, sagt, dass sie dich geliebt hat. Sie erzählt mir von Momenten, in denen du sie zum Lachen brachtest und von solchen, in denen sie Angst vor dir hatte. Sie hat unsere Beziehung nie verstanden, hat nur Schmerz in ihr gesehen. Ich vertraue ihr meine Befürchtungen an, vielleicht ist es meine Schuld, dass sie so lange so unglücklich war, vielleicht bist *du* es, die ich an sie weitergegeben habe, deinen Lebensschmerz, diesen Lebensschmerz, der zu meinem geworden ist, ich habe Angst, sie damit angesteckt zu haben wie mit einem Fieber, einem Virus, deine und meine Ängste, diese namenlose Krankheit, die sich von Müttern auf Töchter überträgt. Mit einer Handbewegung bringt sie mich zum Schweigen.

Es ist nicht die gleiche Geschichte.

Sie erzählt, nach deinem Tod habe sie geschrieben. Über dich, ihre Erinnerungen an dich, über ihre Liebe für dich. So erfahre ich also, dass auch meine Tochter schreibt. Sie sagt diesen Satz: «Ich habe lange geglaubt, meine Großmutter sei gestorben, damit ich wieder leben kann.»

Wir hüllen die Verschwundenen in Worte ein, als könnten wir sie dadurch schützen, bewahren, unversehrt bei uns behalten.

Ich sehe mir mit Freundinnen eine Theateradaptation von Annie Ernauxs Roman *Eine Frau* an. Bei manchen Textpassagen spüre ich einen tiefen physischen Schmerz, meine Knie beginnen zu zittern, das Blut rauscht in meinem Kopf. Es ist offensichtlich. Du bist heute Abend hier, in diesem Saal, ich erahne deinen Geist. Ich lasse den Blick durch die Zuschauerreihen schweifen. Wo bist du? Wo versteckst du dich? Ich sehe mich vergeblich im Saal um, aber du bist hier, das weiß ich, ganz in meiner Nähe. Ein Satz fliegt mir zu: *Ich bin wieder in der realen Zeit, in der sie nie mehr sein wird.* Und dann, plötzlich, verschwindest du, in genau dem Augenblick, in dem diese Worte gesprochen werden. Du verschwindest, schleichst dich davon, löst dich auf, ich kann wieder atmen, die Sitze streifen deine Spuren ab. Mir tut nichts mehr weh, mein Körper entspannt sich. Auf der Bühne wird weitergespielt, aber ich höre nicht mehr zu. *Eine Frau* und damit Ende.

Ich kaufe mir das Buch von Sophie Calle, das aus ihrer Ausstellung hervorgegangen ist. *Was machen Sie mit Ihren Toten?* Der Band besteht ausschließlich aus den Einträgen der Besucher im Gästebuch. Vergeblich blättere ich mich durch die Seiten und suche nach dem, was ich für dich geschrieben hatte. Sogar die Worte, die von dir erzählten, sind verschwunden.

Meine Schwester erinnert sich an leichte und lusti-
ge Momente, Erinnerungen, von denen ich Teil bin.
Nichts davon kommt mir bekannt vor. Ich verüble
es meinem Gedächtnis, so selektiv zu sein und mich
dieser Erinnerungen, die ich gerne aufbewahrt hätte,
beraubt zu haben.

Ich gehe ins Kino und sehe mir den Film eines Sän-
gers an. Kurz vor dem Abspann spricht er diese Worte aus dem Off: *Wie wir alle nicht wissen warum, warum
dieses Leben, warum dieser Weg, welche Bedeutung wir all
dem geben sollen.* Ich denke an dich. Unsere Geschichte
ist die eines Weges ohne Bedeutung, auf dem wir uns
begegnen, verlieren, suchen, ohne einander zu finden.
Jetzt, wo du nicht mehr hier bist, wird mir bewusst,
dass du *vorher* da warst.

Es bleibt die Trauer, dich nicht wirklich gekannt zu
haben. Das Gefühl von Versagen im Magen, ein Krat-
zen im Hals, ein bitterer Nachgeschmack. Das Leben läuft ohne dich weiter, wie es vorher ohne dich
lief. Die Kinder, die ohne dich älter werden, all die
Dinge, die ich erlebe, ohne dass du sie mitbekommst.
Ich würde sie gerne mit dir teilen. Deine Enkelin ist
wieder gesund, einfach so, fast von heute auf morgen. Sie studiert in Schottland, ist zwanzig Jahre alt
geworden. Deine andere Enkelin hat mit Bravour
ihr Abitur bestanden und wurde in Sciences Po auf-

genommen. Dein Enkel geht aufs Gymnasium. Du fehlst ihnen. Wir reden über dich. *Etwas hat sich getan.* Ich habe jemanden kennengelernt. Ich habe mich verliebt, einfach so, obwohl ich nicht mehr damit gerechnet hatte, obwohl ich glaubte, ich sei wie du, nicht für die Liebe gemacht. Aber ich bin nicht wie du, bin es nie gewesen. Niemand ist wie du, das habe ich zu spät verstanden. Ohne dich bleibt mir nur das Leben, das überwältigend, widersprüchlich und fröhlich in seinem Schmerz ist, das Leben voller Tage und Nächte, dieses Leben, das mich seltsamerweise nicht mehr so quält, seit du nicht mehr hier bist.

Die Schildkröten sind aus meinen Nächten verschwunden, da ist kein Panzer mehr auf meinem Rücken. Meine Haut ist nackt. Es ist eine neue Haut, sie würde dir gefallen.

Mit dem 7. Juli beginnen immer die großen Ferien. Dieser seltsame Moment, in dem etwas endet, während in den schwülen Tagen, die ich in einem alten Unterhemd drinnen verbringe, alles von Neuem beginnt. Ich habe die Fensterläden geschlossen, habe die Sonne dort, wo ich nicht bin, draußen gelassen. Der Sommer beginnt wieder, in den jauchzenden Straßen und meinen lachenden Kindern, die ihre Prüfungsergebnisse feiern. Musik dringt aus den offenen Autofenstern, die Arme sind nackt und die Beine gebräunt auf den Gehwegen. Es ist Sommer und mit ihm tropft das Softeis auf die Hände der Kinder während der Verkäufer mit seinem Wagen zu einem Italo Hit durch die Straßen zieht. Ich lächle. Heute Morgen habe ich auf einem Flohmarkt eine alte 45er Platte von Springsteen ergattert. Als ich auf dem Fahrrad nach Hause gefahren bin, waren nach und nach lauter Gewittertierchen auf mir gelandet, meine Bluse war von ihnen übersät, es sah aus, als hätte ich lebende Pailletten, eine Discokugel auf der Haut. Die Hitze hat den Himmel aufgebrochen. Meine älteste Tochter hat angerufen, ich sagte «heute ist ihr Geburtstag, weißt du» und sie «Ja, ich weiß, ich hab dran gedacht, deshalb rufe ich an.»

Du bist seit vier Jahren tot, bald werden es fünf sein. Hört man irgendwann auf, zu zählen? Der Sommeranfang ist für mich schmerzvoll geworden. Er bleibt mit diesem Tag verbunden, deinem einstürzenden Körper und deinem Gesicht, das ich nie wiedergesehen habe. Die Fensterläden sind geschlossen, die Dunkelheit wiegt mich, ich lege die Platte auf den Teller, die raue Stimme tönt durch das Wohnzimmer: *Maybe everything that dies someday comes back.* Der Sommer beginnt am 7. Juli. Der Sommer beginnt immer mit der Leere, die du mir vermacht hast. Ich tue, was ich kann, um sie zu füllen.

Es stört mich nicht mehr, wenn jemand, der dich kannte, sagt, ich würde dir ähneln. Es freut mich sogar.

Ich habe wieder Appetit auf das Leben. Ich habe gelernt, dich auf Distanz zu halten. Ich denke nicht mehr an dich, wenn ich ein Glas zu viel trinke oder eine Zigarette rauche. Ich denke nicht mehr an dich, wenn ich an mir als Mutter zweifle. Ich denke nicht mehr an dich, wenn ich mich frage, welche Frau ich geworden bin. Ich habe wieder Appetit auf das Leben, auf die leichte Säure der Orangen, die ich morgens presse, auf die Art, wie ich ein Kleidungs- oder Schmuckstück trage, auf Schminken, meine Augen oder meine Lippen, auf die Seiten, die ich lese, auf die Platten, die ich höre, auf die Fotografien, die ich hüte und in denen du bist, ohne da zu sein. Ich habe wieder Appetit auf das Leben, auf die Liebe, auf diesen besonderen Blick, mit dem er mich ansieht, auf die Berührungen seiner Hand, die meinen Nacken streichelt und durch meine Haare fährt, auf seine zarte Haut, die sich an meine presst. Ich habe verstanden, dass lieben nicht bedeutet, sich wehzutun, ich liebe dich zu sagen mir nicht unmöglich ist. Ich werde nicht müde, es zu sagen.

Der Mann, den ich liebe, hat ein Buch bei mir gelassen, einen Sammelband von Blaise Cendrars, den er gut sichtbar in mein Bücherregal gestellt hat. Ich schlage es auf und stoße auf dieses Gedicht, *Du bist schöner als der Himmel und das Meer.* Ich denke an dich, wie du irgendwo in der Ferne schwimmst. *Wenn du liebst, musst du gehen.*

Von den Dingen, die dir gehörten, habe ich wenig behalten. Die drei Ringe, die du trugst, als ich klein war, Fotografien, das Familienbuch. Mehr nicht. Das, was ich von dir behalten will, ist nicht greifbar. Ich will dein schillerndes Lachen, deine Art, mit den Händen zu gestikulieren, deine Stimme, die in meinem Kopf hallt, deinen leuchtenden Körper in der Dämmerung, ich will die junge Frau von damals, als ich ein Kind war. Ich will die, die du schon lange nicht mehr warst.

Nur ein paar deiner Platten habe ich mitgenommen. Wenn ich sie höre, ist es, als würde ich in der Zeit zurückkreisen: plötzlich meine ich, dich hier im Raum zu sehen, du zündest eine Zigarette an und beginnst im nebligen Dunst zu tanzen. Wenn ich deine Abwesenheit nicht mehr ertrage, lege ich das Lied auf, nach dem du so verrückt warst, dieses Lied, das die Sängerin in ihre unglaublich klare Stimme hüllt, dieses Lied, das nur 58 Sekunden dauert. *Dis-lui de revenir, je l'attendrai toute la saison.* Und für 58 Sekunden, mehr nicht, kehrst du zurück.

Weil du mit deinem Rätsel gegangen bist. Weil ich die, die du einmal warst, das kleine Mädchen auf den Sepia-Bildern, nie kennenlernen werde. Weil ich aufgehört habe, alles verstehen zu wollen. Weil ich den Gedanken, dass wir uns verpasst haben, akzeptiert habe. Weil ich dich nicht retten konnte. Weil du mich nicht darum gebeten hast. Weil ich nicht die Mutter bin, die du warst. Weil sich nicht alles vererbt. Weil ich keine Wut mehr empfinde. Weil ich noch immer deine Tochter bin. Weil ich das für immer sein möchte.

Auf dem Foto von dir, das ich am liebsten mag, liegst du im sonnenverbrannten Gras. Ihre Strahlen scheinen dein Gesicht zu wärmen. Du trägst ein blaues Hemd, vielleicht Arbeitskleidung. Du hast dein Haar unter einem dunklen Turban zusammengebunden. Deine Augen sind zu. Es wirkt, als würdest du schlafen.

Das Foto ist lädiert, es wurde schlecht mit ihm umgegangen, es ist zerknittert, eingerissen, hat hier und da Flecken. Dieses verletzte und friedliche Bild bist du, meine Mutter. Das bist ganz und gar du. Eine Frau in Blau, mit geschlossenen Augen und stillen Träumen.

Ich wecke dich nicht, ich lasse dich gehen.

Playlist zum Buch

‹La Chanson d'Hélène›, (*Les choses de la vie*) –
    Michel Piccoli und Romy Schneider

‹Bette Davis Eyes› – Kim Carnes

‹La déclaration d'amour› – France Gall u. Michel Berger

‹Sweet Dreams (Are Made of This)› – Eurythmics

‹Dis-lui de revenir› – Véronique Sanson

‹The Logical Song› – Supertramp

‹Ride Like the Wind› – Christopher Cross

‹Tous les garçons et les filles› – Françoise Hardy

‹Quoi› – Jane Birkin

‹Lady d'Arbanville› – Cat Stevens

‹China Girl› – David Bowie

‹Si rien ne bouge› – Noir Désir

‹Tes parents› – Vincent Delerm

‹Ultra moderne solitude› – Alain Souchon

‹Hier encore› – Charles Aznavour

‹Porque te vas› – Jeanette

‹Mala Vida› – Mano Negra

‹Famous Blue Raincoat› – Leonard Cohen

‹Pour que tu m'aimes encore› – Céline Dion

‹Si maman si› – France Gall

‹Peggy› – Bertrand Belin

‹Atlantic City› – Bruce Springsteen

 bit.ly3tSNYAs

© Francesca Mantovani 2022 © Éditions Gallimard

Lisa Balavoine, 1974 in Amiens geboren, wo sie auch heute lebt und arbeitet, ist Lehrerin an einem beruflichen Gymnasium. *Lass gehen, wen du liebst* ist ihr zweiter Roman für Erwachsene. Daneben veröffentlicht sie auch Jugendbücher.
@lisa.bumblebees

© Adriane Grzadziel

Ela zum Winkel studierte Darstellende Kunst in Paris und Translationswissenschaft in Wien. 2021 war sie Teilnehmerin des Goldschmidt-Programms und wurde für ihre Arbeit mehrfach mit Stipendien ausgezeichnet. Sie lebt und arbeitet als Literaturübersetzerin und Theaterschaffende in Wien.

Die Originalausgabe mit dem Titel *Ceux qui s'aiment se laissent partir* erschien 2022 bei Éditions Gallimard, Paris.

1. Auflage 2024

Verlag Freies Geistesleben
Landhausstraße 82, 70190 Stuttgart
www.geistesleben.com

Oktaven: Die literarische Reihe im Verlag Freies Geistesleben

ISBN 978-3-7725-3041-8

⊞ auch als eBook erhältlich

 Entdecken Sie weitere literarische Bücher:
geistesleben.de/oktaven

 und bleiben Sie mit unserem Newsletter
auf dem Laufenden: geistesleben.de/news